내
감정의
함정

감정은 어떻게 나를 지배하는가

내 감정의 함정

타라 버넷 골먼 지음 · 이재석 옮김

북스넛
Booksnut

옮긴이 / 이재석

1972년 부산 출생. 서울대학교 노어노문학과를 졸업했다. 출판사와 저작권 에이전시에서 일했으며, 현재 서적 기획 및 전문 번역가로 활동하고 있다. 남방불교의 위빠사나 명상과 그를 통한 몸-마음의 치유에 관심이 많다. 보리수선원, 호두마을 등에서 수련하였으며, 서울불교대학원의 심신치유학과를 다녔다. 주요 역서로는 〈어디서 공을 던지더라도〉, 〈당신 주변에 어떤 사람이 있는가?〉, 〈사랑한다 아들아〉, 〈통증혁명〉, 〈요통혁명〉 등이 있다.

내 감정의 함정

1판 1쇄 인쇄 2013년 11월 01일
1판 1쇄 발행 2013년 11월 10일

지은이 타라 버넷 골먼
옮긴이 이재석
발행인 문정신
발행처 북스넛
등록 제1-3095호
주소 서울시 마포구 성산동 112-7 예건빌딩 3층
전화 02-325-2505
팩스 02-325-2506

ISBN 978-89-91186-81-1 03180

추천사

무엇이 행복을 가로막는가

: 달라이 라마 :

누구나 행복을 원합니다만, 어떻게 행복을 성취할 수 있는지 혼란스러울 때가 있습니다. 저 자신의 경험과 이 책을 쓴 버넷 박사의 경험에 의하면, 참되고 지속적인 행복의 원천은 우리의 감정에 있어 보입니다. 행복을 발견하고 역경을 극복하는 열쇠는 내면의 평화일 것입니다. 그러한 내면의 평화의 원천은 감각적 쾌락도, 신체적 인연도 아닙니다. 그것은 자신의 마음에 일정한 작업을 하는 일입니다.

처음에는 잘 모릅니다만, 우리 앞에서 벌어지는 많은 문제들이 우리 스스로 만든 것들입니다. 이 사실에 대해 제가 희망을 갖는 이유는 만약 우리 스스로 만든 문제들이라면 그 해법도 우리 안에 있을 것이기 때문입니다. 마음을 고요하게 잠재우는 것은 쉽지 않습니다. 거기에는 시간과 지속적인 노력이 필요합니다. 우리는 처음부터 마음을 단단히 먹어야 합니다. 앞으로 장애물을 만날 것이라는 사실을 겸허히 받아들이면서 설령 큰 곤란에 처할지라도 목적을 이룰 때까지 계속하겠다는 결심을 해야 합니다.

그렇다고 해서 감정을 변화시키는 데 억지로 힘을 사용해야 한다는 의미는 아닙니다. 이것은 우리가 자발적으로, 기꺼운 의지를 가지고 실천해야 하는 작업입니다. 타라 버넷 박사는 그것을 말하는 데 몇 가지 서로 다른 원리를 융합했습니다. 그중에는 그녀가 친숙하게 알고 있는 불교의 가르침과 우리 친구이자 저명한 정신의학자인 아론 벡 박사의 의학적 통찰도 있습니다. 이 책을 쓰면서 그녀가 배운 것은 우리 감정의 필요와 관심에 주파수를 맞추는 것이 중요하다는 사실입니다. 이것은 영민함과 지혜로 문제에 접근하여 그 해결책을 찾아내는 일입니다.

2천6백여 년 전 붓다도 일상의 문제에 부딪힐 때마다 울컥하거나 버럭 화가 솟구치는 감정에 휘둘리곤 했습니다. 붓다가 출가해 산속과 광야에서 진리를 찾기 위해 노력하는 과정에서 부딪힌 가장 큰 문제도 자신의 감정을 다스리는 문제였음을 알 수 있습니다. '나의 감정에 따라 내 삶의 의미도 세상의 모습도 달라진다.'는 것이 오랜 수행 끝에 얻어낸 붓다의 결론입니다.

버넷 박사는 그러한 불교의 전통적인 가르침과 오늘날의 정신과학에 근거해 현대인이 겪는 감정의 문제들을 차근차근 짚어내고 있습니다. 어떻게 조화로운 감정을 유지할 것인가에 대한 세련된 해결책이 돋보이는 책입니다.

일상에서 겪는 자기 감정의 문제든, 다른 사람의 감정 해결을 도와주는 일이든 이 책에서 이성적인 영감을 얻기 바랍니다.

머리말

벗어나야 할 감정의 습관

자전거를 배우려면 먼저 페달 구르는 법을 익히고, 중심을 잡으며 혼자서 탈 수 있을 때까지 누군가 뒤에서 붙잡아주어야 한다. 그러한 과정을 거치는 동안 브레이크를 잡거나 핸들을 돌리는 등의 세세한 기술들도 자연스럽게 익히게 된다.

그런데 어른이 되어 어릴 적 자전거를 배우던 기억을 떠올려보면 어떤 특정한 순간들은 뚜렷하게 기억할 수 있지만, 나머지 기술들은 어떻게 배운 것인지 그저 어렴풋하게 머릿속에 남아 있을 뿐이다.

감정의 습관도 이와 흡사하다. 감정의 습관은 가지고 태어나는 것이 아니라, 오랜 시간에 걸쳐 서서히 습득된다. 감정의 습관은 은연중에 반복되며 익숙해지는 탓에, 우리는 그것이 몸에 배던 때의 상황들은 대부분 잊어버리고 일부만 기억으로 가지고 있을 뿐이다.

갈등이 생길 때마다 고함을 지르고 상대를 공격하고 싸움을 벌이는 가정에서 성장한 사람을 예로 들어보자. 그는 어릴 때부터 그러한 감정의 표현방식을 보고 자란 탓에 갈등이 빚어질 때마다 고함을 지르고 상대를 공격하지 않으면 갑갑한 느낌을 갖게 된다.

"누군가에게 나의 필요를 알리는 가장 효과적인 방법은 고함을 지르는 것이다."라거나, "갈등이 일어나면 상대가 나를 공격하기 전에 내가 먼저 공격해야 한다."는 생각을 자연스럽게 품는다.

오랜 세월에 걸쳐 무의식적으로 깊숙하게 스며든 이러한 감정의 습관들은 어른이 되어서도 비슷한 상황이 벌어지면 자신도 모르게 거기에 따라 반응하고 행동하게 된다. 감정의 습관이 삶에 영향을 미치는 까닭은 자신에게 그러한 습관이 있는지조차 의식할 수 없기 때문이다. 습관이 형성된 원인과 과정을 기억하지 못하므로 무언가 결정을 내리거나 판단할 때 왜 항상 그런 감정에 지배당하게 되는지 인식하지 못하는 것이다.

모니카는 성격이 차갑고 무시하는 성향이 있는 남자들에게 끌리는 버릇이 있었다. 이른바 스스로를 좌절감에 빠트리는 감정의 습관이 있었는데, 그녀는 그런 남자들에게 마음이 끌려 사귀다가 얼마 지나지 않아 거절을 당하며 매번 같은 실망을 되풀이하고 있었다.

그녀는 내게 정기적으로 상담을 받고 있었는데, 어느 날 나는 그녀에게 그런 냉혹한 남자들에게 끌리는 감정과, 차갑고 쌀쌀했던 아버지 때문에 겪었던 어린 시절의 고통 사이에 어떤 관계가 있는 것은 아닌지 물어보았다.

그녀는 나의 말에 이렇게 반응했다.

"그런 이야기는 그만두고 다른 이야기나 해요."

모니카의 신경질적인 반응에도 불구하고 나는 그녀의 문제가 해결되려면 현재와 과거의 감정의 연관성이 더 파헤쳐져야 한다고 생각했다. 그리고는 좀더 이야기가 진전되자 모니카는 결국 자신의 그런 성향을 서서히 알아차리기 시작했다.

"저도 그렇다는 걸 알 것 같아요. 하지만 이제 와서 어떻게 하라는 거죠?"

나를 찾는 내담자들 중 많은 이들이 모니카처럼 어쩔 수 없는 난처한 감정의 습관에 빠져 있다.

우리는 자신의 삶에서 무엇이 문제이고, 삶을 엉망으로 만드는 문제와 오래 전부터 이어져온 감정의 습관 사이에 어떤 연관이 있다는 것을 알아차릴 수도 있다. 그러나 그 정도의 깨달음에 이르기 위해서는 상당한 훈련과 자각이 필요하다.

어떤 일에서 감정이 앞서 그 일을 그르치거나, 혹은 매번 같은 패턴으로 화가 솟구치거나 상처받는 상황이 반복되면 우리는 어떻게 자신의 감정을 다스려야 할지 난감해하곤 한다.

"수시로 끓어오르는 이 울화와 불안을 어떻게 잠재워야 하나요?"

이와는 반대로 정서적 안정감을 유지하고 웬만한 자극에도 쉽게 흥분하거나 감정이 북받치지 않는 사람이 있다. 이 역시 본인도 모르는 사이에 긍정적인 감정의 습관이 작동하기 때문인데, 이런 사람은 쉽게 조바심을 치거나 화를 내지 않으며 누군가로부터 무시당하고 있다는 느낌도 갖지 않는다.

동일한 상황을 눈앞에 두고서도 어떤 사람은 머리끝까지 화가 솟구치는가 하면, 어떤 사람은 상황을 있는 그대로 바라보며 차분히 문제를 해결해나간다.

어디서 이런 차이가 오는 것일까?

우리 안에서 매순간 작동되는 감정의 이면에는 그동안 쌓여온 믿음과 학습이 자리하고 있다. 믿음과 학습이 오래되고 강력할수록 그것은 하나의 습관이 되어 무의식적인 자동반응 감정으로 표현된다.

감정의 자동반응 패턴에서 자유로워지려면 자신이 어떤 방식으로 감정의 습관에 사로잡히는지 먼저 알아야 한다. 매번 감정 때문에 괴로워하며 절망하는 차원에 그쳐서는 안 되고, 삶이 고통스러운 것은 자신이 벗어나지 못하는 동일한 마음의 되풀이 때문이라는 것을 인식할 필요가 있다. 같은 상황을 두고도 완전히 다르게 받아들이는 사람을 보면 감정의 양상이 얼마나 개인적인 차원의 것인지 이해할 수 있다.

감정의 작동 원리를 알고 그것이 자신의 삶과 인간관계에서 어떤 식으로 나타나는지 깨닫는다면 그것들을 좀더 나은 방향으로 변화시킬 수 있다.

이 책은 1부에서는 뇌과학과 심리학에 근거해 감정의 습관이 형성되고 작동하는 원리를 다루었다. 감정은 어떤 패턴으로 반복되며 그러한 반복적인 패턴의 원인은 어디에 있는지 살펴보았다. 2부는 어떻게 감정을 다스릴 것인지 불교심리학적 관점에서 그 방법론을 5가지로 제시했다. 최근 주목받기 시작한 불교심리학은 붓다가 깨달음을 설파한 이래 축적되어온 불교의 마음 수행법과 현대의 심리학이 합쳐져 감정의 다스림을 연구하는 새로운 학문으로 자리잡아가는 분야다. 3부는 감정을 다스렸을 때 얻어지는 결과에 대해 알아보았다. 감정을 다스렸을 때와 그렇지 않을 때의 삶의 차이에 대해 분명하고 뚜렷한 시각을 얻는다면 왜 감정이 다스려져야 하는지 그 이치를 이해할 수 있다.

달라이 라마는 "행복의 원천은 마음의 평화에 있다."고 말한다. 그것은 행복이 지극히 개인의 감정적인 차원의 인식이라는 뜻이다. 마음의 평화는 이 책의 2부의 주제와도 맥을 같이 한다.

우리가 태어나면서부터 지니고 있는 유전적인 요소들은 고치거나 다스릴 수가 없다. 그러나 후천적으로 습득한 습관은 고치거나 변화시킬 수가 있다. 우리가 주목하는 것은 후천적인 요인, 즉 감정의 습관에 관한 문제들이다.

차 례

어떻게 감정을 다스릴 것인가

1부

왜 항상 감정이 앞서는가

1

감정의 두 모습

차를 탄 채 햄버거 등을 주문해 받아가는 드라이브스루 패스트푸드 가게 앞에 차들이 꼬리지어 차례를 기다리고 있었다. 잠시 후, 지프 한 대가 벽에 붙은 음식 메뉴판 앞에 멈춰 섰다. 운전자는 주문을 위해 차창을 내리고 마이크에 입을 가까이 가져갔지만 거리가 멀어 제대로 닿지 않았다. 그는 앞차에 조금 앞으로 움직여 달라며 살짝 경적을 울렸다. 그런데 앞 차도 그 앞 차와 붙어 있어 조금도 움직일 수가 없었다.

화가 난 지프 운전자가 창밖으로 고개를 내밀고 앞 차를 향해 고래고래 고함을 질렀다. 그러자 앞 차 운전자는 몹시 당혹스러웠다. 무술 지도사였던 앞 차의 운전자는 부아가 치밀어 오르는 것을 느꼈다. 화가 솟구치며 이 황당하고 무례한 사람을 단단히 혼내주고 싶었다. 남성 호르몬 테스토스테론과 아드레날린이 급속히 몸에 분비되었다. 그가 보는 세상은 그 순간만큼은 분노라는 영역으로 축소되어 있었다.

그런데 이때 무술 지도사의 백미러에 화로 일그러진 지프 운전자의 얼굴이 비쳤다. 그는 잠시 자신의 얼굴도 비춰보았다. 자신의 얼굴 역시 화로 일그러져 있었다. 순간 그는 마음을 고쳐먹었다. 그리고는 평소에 자신이 가르치던 태극권 호흡을 반복했다.

그러는 사이 앞에 있던 차가 빠져나가고 무술 지도사의 차가 계산 창구에 이르렀다. 계산원에게 커피를 건네받으며 그가 말했다.

"우리 뒷차의 것도 함께 계산해주세요. 지프를 타고 있는 사람 같이에요."

지프에 타고 있던 남자는 5인분의 세트를 주문했었다. 무술 지도사는 그들의 비용을 모두 치른 후 유유히 차를 몰고 사라졌다.

계산대에 이르러 이 사실을 알게 된 지프 운전자는 그야말로 미안함과 감동에 어쩔 줄 몰랐다. 빨리 좇아가 조금 전 자신의 무례를 깊이 사죄하고 싶었다. 그러나 이미 차는 사라지고 없는 상황이었다. 그는 하는 수 없이 자신이 받은 호의를 뒷차에 전달했다. 그도 뒷차의 계산을 대신 치른 것이다. 그러자 이 호의는 꼬리에 꼬리를 물고 이어졌다. 앞 차의 호의를 받고도 그냥 지나친 차는 없었다. 모두 다음 차의 계산을 대신 치러주었던 것이다. 그날 하루 내내 이 친절한 행동은 가게 앞에서 물결처럼 이어졌다. 이 이야기는 몇 년 전, 미국 캘리포니아에서 실제로 일어났던 가슴 뭉클한 실화다.

이 훈훈한 파도는 특정한 한 사람이 의도적으로 자기 감정의 모드를 바꾸어 시작되었다. 무술 지도사는 순간 자신의 분노를 알아차리고 그것을 받아들여 의도적으로 배려의 모드로 변화시켰다. 그가 사용한 것은 물리적 무술이 아닌 내면의 무술이었다. 나중에 아서 로젠펠드Arthur Rosenfeld로 알려진 그는 인터뷰에서 당시 자신의 행동으로 인한 사람들의 감동에 멋쩍어하며 "백미러에 비친 저의 화난 얼굴이 저를 말렸어요."라고 말했다.

버럭 화를 내는 순간 우리는 세 가지 문에 직면한다.

첫 번째는 힘을 힘으로 맞받아치는 것으로, 그렇게 되면 싸움이 일어난다. 두 번째는 상대방의 화에 대해 자신의 감정을 억누르는 것이다. 세 번째는 서로에게 이로운 쪽으로 감정을 다스리는 것이다. 로젠펠드는 지프 운전자의 욕설에 감정대로 맞받아치지도, 그렇다고 감정을 억누르지도 않는 세 번째 방식을 택했다. 그가 말했다.

"비결이요? 글쎄요. 그 순간 제 감정을 솔직하게 바라보았던 것 같아요. 그러자 '지금 더 나은 방법이 무엇일까' 하는 생각이 떠오르더군요."

차분하고 침착한 감정의 모드로 바뀔 때 우리는 삶의 빵빵거리는 경적에 더 잘 대응할 준비를 갖추게 된다. 더 바람직한 감정의 모드는 로젠펠드처럼 주변 사람들에게 선물을 주는 것과 같은 효과를 낳는다.

연잎 효과

이리저리 뻗은 방콕의 한가운데를 커다란 강이 가로지르고 있었다. 나는 호텔 창문을 통해 일렁이는 물 위를 부드럽게 미끄러져가는 우아한 티크나무 보트를 바라보고 있었다. 강가에는 연잎들이 위아래로 둥실둥실 떠 있는 모습이 보였다.

그런데 자세히 보니 연잎은 강에 아무렇게나 버려진 쓰레기 더미에 둘러싸여 있었다. 연잎은 그런 쓰레기 더미 위로 꽃을 피워내고 있었다.

붓다는 연꽃을 깨달음의 상징으로 보았다. 쓰레기와 진흙탕 같은 내면의 고통이라는 껍질을 뚫고 연꽃처럼 솟아오를 수 있는 것이 인간이라고 가르쳤다.

감정의 습관을 바꾸는 작업은 마음과 가슴의 보이지 않는 중독성 습관을 들여다보는 일에서 시작된다. 그것은 혼란이라는 진흙을 뚫고 지혜가 연꽃처럼 피어날 수 있는, 내면의 새로운 자질을 발견하는 일이다.

먼저 감정의 진흙탕에 반복적으로 굴복하고 마는 방식을 아는 것이 첫 번째 단계다.

스티븐은 최근 1년 동안 자신을 괴롭혀온 고민을 들려주었다. 그것은 대학 진학을 위해 집을 떠나는 아들 때문이었다. 아내 없이 홀로 아들을 키운 스티븐은 아들의 양육에 모든 것을 바쳤던 사람이다.

그런 스티븐에게 아들이 집을 떠난다는 결정은 커다란 슬픔이었다. 하지만 스티븐은 기대감에 부푼 아들의 기쁨을 함께 느껴보려 노력했다. 아들이 집을 떠나기 몇 개월 전부터 매일 조용히 아들의 기쁨과 맞닿으려 시도했다. 그는 어느 불교 스승이 말한 공감의 기쁨을 시도했다. 처음에는 그것이 다소 인위적인 것처럼 느껴졌다. 지금까지 살면서 타인의 기쁨을 함께 느껴본 적은 거의 없었기 때문이다. 그런데 시간이 흐르면서 자신에게만 맞춰져 있던 초점이 조금씩 약해지고, 아들과 점점 같은 기분을 느끼고 있다는 것을 알았다. 그리고 마침내 아들의 대학 입학식 무렵, 그는 더 이상 아들에 대한 집착과 상실의 두려움에 빠져 있지 않았다.

화가 르네 마그리트Rene Magritte는 자신의 작품을 이렇게 평가했다.

"나의 작품들은, 불합리한 정신적 습관과 내가 결별했다는 가장 명백한 증거입니다."

감정을 다스린다는 것은 '불합리한 정신적 습관'을 자각의 수면 위로 불러내어 자신뿐 아니라 타인에게도 조화로운 정신을 되찾게 하는 작업이다. 이것은 로젠펠드와 스티븐이 그랬던 것처럼 따뜻한 화학 작용을 불러일으킨다.

감정적 습관이나 패턴을 반복하지 않으려면, 먼저 있는 그대로 자신의 감정을 바라볼 수 있어야 한다.

티베트어 산제sanje는 '깨어나 꽃을 피운다.'는 뜻이다. 마음이 깨어나 자신의 감정을 완전히 바라볼 수 있게 되면, 지혜와 이해는 완전하게 꽃을 피울 수 있다. 깨어나 꽃을 피운 감정은 괴로운 존재의 방식에서 벗어나 자유로운 쪽으로 나아간다.

무엇이 연꽃으로 하여금 진흙을 뚫고 꽃을 피우도록 만드는 것일까? 혼란의 감정을 뚫고 지혜가 연꽃처럼 피어나도록 만드는 내면의 자질은 무엇인가? 무엇이 자신과 서로에 대해 더 참된 연결을 맺게 하는 것일까? 그리고 어떻게 하면 우리를 지배하는 감정의 상태에서 자유로울 수 있을까?

'연잎 효과'는 생물학 이론이다. 이것은 식물이 진흙을 뚫고 나오면서도 청정함을 유지하는 놀라운 자정 능력을 가리킨다. 연잎의 표면에는 아무것도 달라붙지 않는다. 연잎이 가진 이러한 자기정화의 비밀은 잎 표면의 작은 융기들이 지극히 일부의 물방울만을 표면과 접촉하게 만드는 작용에 있다. 연잎 위에서 물방울들은 연잎 자체보다는 물방울끼리의 분자들과 더 강하게 합쳐져서 표면을 따라 구르게 되는데, 이 과정에서 거의 모든 불순물이 제거된다. 불교심리학은 이렇게 표면이 물에 젖지 않는 연잎처럼, 감정의 습관을 변화시키면 집착하지 않는 맑은 마음의 영역이 창조된다고 말한다.

깊은 연결

밥 사도스키는 타고난 마부馬夫로서, 나는 몇 년간 그와 함께 수행한 적이 있었다. 그는 소위 '말의 감정'을 훈련시키는 사람이다. 밥은 말을 분양하기 위해 야생마를 길들인다. 그런데 그는 말을 훈련시킬 때 전혀 힘들어하지 않는다. 말을 길들이는 과정에서 말과 친구가 되고, 말들의 신뢰받는 일원이 된다. 어떤 때는 말들의 리더가 되기도 한다. 그는 말에게 어떻게 다가가야 하는지 알고 있다. 그는 부드럽고 따뜻한 목소리로 말을 부른다.

말들은 언제나 인간을 현재의 순간으로 초대한다. 인간이 자신들에게 다가서는 순간, 말들은 기꺼이 사람과 감정의 연결을 준비하는 듯하다. 현재 이 순간을 사는 말은, 인간이 자신들에게 이르는 길을 발견하기를 기다리고 있다.

어느 날 나는 밥과 함께 울타리가 쳐진 둥그런 말 훈련장에 있었다. 그곳은 마굿간이 딸린 곳이었다. 밥이 자신의 가슴을 말에게 향하자 말은 예민하게 반응했다.

밥은 언어는 한마디도 쓰지 않았다. 그는 그것을 '핵심 에너지'라 부르며 말에게 보냈다. 그가 다른 방향으로 돌아서자 말도 멈췄다. 그리고 다시 말에게로 향하자 말은 그의 앞으로 다가왔다. 그런 다음 밥은 나에게 편안하게 물러나라고 말했다. 말로부터 나의 핵심 에너지를 거두라는 뜻이었다. 그것은 내가 보낸 메시지에 말이 반응했으며, 나와의 대화에 참여했음을 알려주는 것이었다.

말은 기뻐하는 것 같았다. 이런 방식으로 말에게 에너지를 보내고 물러나는 행동이, 이해할 수 있는 언어로 말과 대화하는 방법이었다.

다시 우리는 말이 멈추지 않고 링 주위를 돌아다니도록 이끌었다. 말이, 필요할 때 최소한의 요구에 응답하는 법을 스스로 터득하도록 도왔다. 그리고는 말이 우리의 의사를 이해했다는 것을 인정하듯이 쓰다듬어주고 뒤로 물러났다. 말은 울타리 주변을 돌아다녔다. 밥과 나는 다시 가슴을 향하며 조용히 말을 불렀다. 말은 이쪽을 향해 총총 걸음으로 다가왔다. 그리고는 내 어깨 위에 가만히 자신의 머리를 기대었다. 그렇게 우리는 자연스럽고 따뜻한 포옹 안에서 하나가 되었다. 그것은 깊숙한 마음의 연결이었다. 나는 신화에 나오는 반인반마의 켄타우로스가 된 기분이었다.

인간은 스스로를 세상과 분리된 존재로 생각하고 그에 따라 행동하며 무엇이든 자신의 뜻대로 통제하길 원한다. 그런데 그러한 태도가 말에게는 순리를 벗어난 어색한 행동으로 보이는 듯했다. 어쩌면 포식자의 행동으로 비칠지도 모른다. 그래도 말은 인간의 어리석은 방식을 이해하고 받아들이는 것처럼 보인다. 심지어 말은 우리가 무리의 일원이라는 사실을 상기시키는 창의적인 방법까지 알고 있는 듯하다. 아마도 대부분의 동물이 이와 유사할 것이다.

깊은 연결은 살아가면서 사람 사이에 느껴야 할 소중한 마음의 자산이다. 그 순간에 서로의 내면에서는 분리되어 있다는 감정이 사라지고, 동일한 공간에 머무는 하나의 존재처럼 충만함을 느끼게 된다. 보이지 않는 감정의 고리가 만들어지는 것이다.

우리는 서로 연결된 존재임을 부정할 수 없다. 자연적인 연결성은 인간이 그것을 알든 모르든 언제나 존재하고 있다.

이러한 연결은 다른 존재와의 관계가 깊을수록 더 쉽게 느낄 수 있다. 창의적인 작업에 몰두하고 있을 때나 자연의 아름다움에 영감을 받을 때, 혹은 깊은 명상에 잠겨 있을 때를 떠올려보라. 그때 우리는 긍정적인 자질이 드러나고 최상의 능력을 분출하며 다른 존재들에 오롯이 자신을 열어젖히게 된다. 연결의 힘을 이해하면 놀라움을 감출 수가 없다.

"왜 나는 그동안 사소한 것에 매달리고 있었던 것일까?"

모든 것이 서로 연결되어 있다는 사실을 받아들이면 마음은 훨씬 자유로워질 수 있다.

반대로 '단절'은 존재의 자연스러운 흐름을 방해한다. 단절이 극단에 이르면 포식자와 희생자의 관계가 된다. 단절 속에서 우리는 불안을 느끼고, 왜곡된 견해에 집착하며, 자기중심적이고 역기능적으로 행동하면서 전체와의 조화를 잃어버리게 된다. 이런 상태는 마치 안개 속에서 길을 잃고 헤매는 듯한 혼돈스러운 마음의 상태를 만든다. 단절로 만들어진 삭막함이 삶을 지배하면 인생은 늘 안개 속에서 길을 잃기 쉬울 것이다.

마음속에서 싸우는 두 마리 늑대

브로드웨이 뮤지컬 감독 데이비드 크로머David Cromer는 이런 단절된 마음 때문에 세상을 비뚤게 인지하는 자신을 이렇게 고백했다.

"나는 걸핏하면 패배감을 느끼고, 걸핏하면 마음의 문을 닫았으며, 걸핏하면 모욕감을 느꼈다. 열차에 막 올라타려는 순간 문이 닫히면 사람들은 보통 '열차를 놓쳤군.'이라고 생각한다. 그런데 나는 '열차가 나를 미워하는군. 나는 열차에 탈 자격도 없는 인간이야.'라고 생각하곤 했다."

크로머는 우울증이라는 창문을 통해 바라본 세상에 대해 이야기하고 있다. 인지치료의 창시자 아론 벡Aaron Beck 박사는 우울증을 감정의 극단적인 모드extreme mode로 해석한다. 벡 박사가 말하는 '모드'란 '광범위한 경험의 범주에서 일어나는 마음의 전반적인 현상'을 의미한다. 우리는 언제나 '이 모드' 아니면 '저 모드'의 감정으로 살아가고 있다.

'감정의 모드'란 어떻게 느끼고 생각하며, 무엇을 원하고 어디에 주의를 집중하며, 무엇을 인식하고 어떻게 행동할 것인가에 관한 일련의 '정신적 틀'이다. 어떤 감정의 모드는 기쁨과 지혜에 열리도록 하는 반면, 어떤 모드는 두려움과 절망, 자기연민으로 마음의 문을 닫아버리게 만든다. 모드는 하나의 대상을 바라보는 인지도식으로 작용한다. 감정의 모드는 꼭두각시 인형을 부리는 사람처럼, 눈에 보이지 않지만 무대 뒤에서 우리의 마음을 끈으로 조종한다. 우리는 감정의 모드가 어떻게 자신의 경험을 부추기고 왜곡하는지 좀처럼 깨닫지 못한다.

모드는 내가 무엇을 보고 무엇을 외면할지도 결정한다. 그렇게 모드는 주관적으로 느끼는 세계를 창조한다. 모든 모드는 세상을 바라보는 그것만의 독특한 렌즈를 갖고 있다. 렌즈가 왜곡되어 있을수록 그것은 부정적인 모드로 작용한다.

모드mode는 무드mood, 기분처럼 전염성이 있어서 한 사람의 내면의 상태가 곁에 있는 사람에게 영향을 주기도 한다. 개인과 개인 사이의 교류들이 모여 한 집단의 전반적인 감정 모드를 결정짓기도 한다.

당신은 사람들을 언제나 믿을 수 있는 존재라고 생각하는가, 아니면 결코 믿지 못할 존재라고 생각하는가? 당신은 삶의 도전에 충분히 맞설 수 있다고 믿는가, 아니면 그것에 압도당할지 몰라 두려운가

떨고 있는가? 상대방의 공격을 지혜롭게 피할 수 있다고 여기는가, 아니면 쉽사리 모욕을 느끼고 자기를 닫아버린 채 패배감을 느끼는가? 다시 말해 '열차에 탈 자격이 없다고' 느끼는가? 이런 마음들이 감정의 모드에서 비롯된다.

넓게 보면 모드에도 종류가 있다. 역기능이 지배적인 부적응 모드, 일상에서 최상의 기능을 발휘하는 적응 모드, 그리고 나라는 존재를 더 가볍게 해주는 확장 모드가 그것이다.

나는 불교심리학에 근거해 감정의 모드들을 더 자세히 살펴볼 예정이다. 그것이 인간 경험의 총체를 모두 보여주는 지도라고 말할 수는 없겠지만, 그들을 조합하면 단절에서 지혜까지 감정의 다스림에 대한 완성에 가까운 그림을 그릴 수 있을지도 모른다.

감정은 크게 두 갈래로 나뉜다. 하나는 혼란과 분리, 얽힘의 감정이고, 다른 하나는 명료함과 연결, 정신적 자유의 감정이다.

어느 인디언 할아버지가 손자에게 들려준 늑대 이야기는 감정의 두 갈래 길을 심오하고도 압축적으로 전하고 있다.

인간의 마음속에서 싸우고 있는 늑대 두 마리가 있었다. 한 마리는 복수심에 불타는 폭력적인 늑대이고, 다른 한 마리는 사랑과 자비의 마음을 가진 늑대였다.

손자가 물었다.

"할아버지, 어느 늑대가 이겨요?"

할아버지가 대답했다.

"어느 쪽이든 네가 먹이를 주는 녀석이 이긴단다."

2

감정의 모드

몇 년 전, 나의 아들 하누만이 여자 친구와 함께 인도 여행을 다녀왔다. 작곡가로 오래 활동해온 그는 여행에 기타를 가지고 갔다. 영감을 받으면 그 자리에서 바로바로 곡을 만들기 위해서였다. 그가 탑승을 위해 미국의 공항에서 수속을 밟을 때였다. 수속직원은 하누만의 기타 반입을 허용하지 않으려 했다.

"규정상 안 됩니다. 기타는 수하물로 처리하셔야 합니다."

혹시라도 사고가 나면, 케이스가 없는 기타가 망가질 수 있다는 우려 때문이었다.

그는 직원에게 자신이 해외여행을 갈 때면 항상 기타를 가지고 갔으며, 머리 위 짐칸에 넣어두면 아무 문제가 없을 거라고 설득했다. 하지만 수속직원은 받아들이지 않았다.

하누만은 분통이 터졌다. 두 사람은 서로 기싸움을 벌였다. 서로 양보하지 않는 태도로 둘의 신경전은 격화되고 있었다. 너무 예민해진 나머지, 하누만은 자신의 입장 외에 다른 가능성을 떠올리지 못했다.

그렇게 서로 옥신각신한 지 20여 분이 지날 때, 옆에서 지켜보던 여자 친구가 침착하고 공손하게 수속직원에게 말했다.

"그러면 기타를 게이트까지 가지고 가서, 기타를 들고 비행기에 탑승할 수 있는지 어떤지 게이트 요원에게 물어보면 어떨까요? 안 된다고 하면 그때 수하물로 등록할게요."

그러자 수속직원은 방어 자세를 내려놓고 고개를 끄덕였다.

"그래요, 괜찮을 것 같군요."

결국 두 사람은 기타를 들고 비행기에 탑승했다.

이 경험을 이야기하며 하누만은 자신이 예민한 감정에 사로잡혀 있는 동안은 다른 해결책이 전혀 떠오르지 않더라고 고백했다. 한편 그런 갈등의 상황에서도 여자 친구의 침착한 제안에 놀라기도 했다고 말했다. 상황은 동일했지만 각자가 지닌 감정의 모드는 전혀 다른 결과를 낳았다.

모드가 좌우하는 삶

특정 상황에 대응하는 인간의 태도는 모드, 즉 '그 상황을 받아들이는 감정의 습관'에 크게 좌우된다.

감정의 모드는 우리가 무엇을 찾고 무엇을 볼 것인지 결정하면서 자신의 존재를 구성하게 된다. 모드는 자신의 느낌을 규정하고 자신의 기억으로부터 무엇을 가장 쉽게 떠올릴지도 결정짓는다. 어떤 모드는 해로운 반복이며, 어떤 모드는 삶을 번창하게 만든다. 어느 경우든 모드는 우리의 기분을 좌우하거나 힘을 실어주며, 삶의 목적을 결정한다.

"문제를 일으킨 당시의 마음 상태로는 그 문제를 해결할 수 없다."

아인슈타인의 말이다.

자신의 감정의 모드가 어떤 상태에 있는지 깨달으면 상황을 더 분명하게 보고, 그에 따라 변화에 필요한 단계를 밟을 수 있다.

건강하지 못한 감정의 모드에 대해 우리는 흔히 '부적응', '불안정' '왜곡', '역기능' 등의 수식어를 붙인다. 이들 모드들은 더 적응적이고 안정적이며 건강하고 현명한 모드와 대조를 이룬다. 그런데 중요한 사실은 이들 부정적 모드들이 긍정적 모드로 바뀔 수도 있다는 점이다.

불안정 모드에서 인간의 인식은 왜곡된다. 그에 따라 좋지 않은 감정 상태로 떨어지기 쉬우며, 자신의 감정으로 빚어낸 협소한 세계에만 의식이 집중된다. 불안정 모드가 세계를 보는 방식을 편향시켜 결정을 제한시키는 것이다. 반대로 현명한 모드에서는 렌즈를 왜곡시키지 않고 분명하게 보게 되는데, 이로써 자연스럽게 공감하는 능력이 향상된다.

그러므로 사고가 더 명확해지려면 자신이 지금 어떤 모드에 있는지 깨달아야 하며, 자신의 인식과 느낌, 행동을 분명하게 자각하는 일이 매우 중요하다.

선택은 언제든 인식을 흐리게 하는 혼란의 진흙탕, 무지의 암흑으로 우리를 이끌 수 있다. 그러나 혼란의 미로에 갇힌 잘못된 인식을 바로잡으면 점차 더 명료한 의식이 모습을 드러낸다.

감정의 습관적인 되풀이

감정의 역기능 모드가 타고나는 것이 아니라는 사실을 불교심리학은 일찍부터 강조해왔다. 역기능 모드는 자신이 학습한 습관으로서, 우리는 그것을 학습으로 다시 바로잡을 수 있다고 불교심리학은 말한다.

신경의학은 인간의 습관을, '뇌가 에너지를 절약하는 작용'으로 해석한다. 습관을 처음 들일 때 뇌는 주의를 쏟으며 많은 에너지를 소모한다. 하지만 그것을 여러 번 반복할수록 뇌는 에너지와 주의를 덜 필요로 하게 된다.

거의 숙달에 가까울 정도가 되면 이 일을 실행하는 부위가 뇌 상부의 의식적인 부위에서 뇌 아래쪽의 기저핵basal ganglia으로 옮겨간다. 골프공 크기의 이 뇌 연결망은, 다른 생각을 하면서 칫솔에 치약을 묻히거나 도로에서 차선을 변경할 때 사용하는 부위다. 다른 생각을 하면서 어떤 행동을 한다는 것은 뇌가 에너지를 적게 사용할 뿐 아니라, 자각하지 못한 채로 그 일을 하고 있다는 증거가 된다.

물론 습관의 이점은 분명하다. 그것을 하면서 그에 관해 따로 고민

할 필요가 없다는 점이다. 그런데 습관의 불합리한 점도 바로 이것이다. 우리는 습관적 행동이 자신을 안주하게 만들며, 똑같은 동작을 아무 생각 없이 반복하도록 만든다는 사실을 깨닫지 못한다. 컴퓨터 자판의 위치를 생각하지 않고도 두드릴 수 있는 것은 편리한 일이다.

하지만 감정의 부정적 모드에 대해서도 습관적으로 대응한다면 우리는 거기에 안주하고 말 것이며, 그것은 결국 삶에 해로운 영향을 끼친다. 자신의 감정의 습관에 힘을 실어줄 때마다 그것을 관장하는 뇌 회로는 실제로 더 강화된다.

한 사람이 지닌 감정의 모드는 일련의 복잡한 무의식적 습관으로서, 과거에 수없이 반복했지만 의식하지 못하고 지나왔던 선택들의 결과물이다. 얼핏 보기에 습관은 지금 이 순간 생각을 거듭한 끝에 내린 결과처럼 보일지 모르나, 사실은 자신이 알아보지 못하는 감정의 반복에 의해 굳어진 것들이다.

맹목적 습관의 상태를, 자신에게 다시 한 번 선택의 기회를 주는 각성 상태로 바꾸는 데는 깨어 있는 자각mindful awareness이 필요하다. 자신의 감정과의 관계, 삶에서 작동하는 모드에 대해 깨닫기 위해서는 그것에 온전히 주의를 기울여야 가능하다. 주의를 기울여 탐색하지 않으면, 눈에 보이지 않게 자신에게 힘을 휘두르는 감정의 습관을 탐지하기 어렵다.

따라서 모드를 변화시키는 첫 단계로 우리는 그 감정의 습관들을 자각으로 가져오는 일을 해야 한다. 이것이 바로 '깨어 있기mindfulness'다. 깨어 있기가 가져오는 중요한 변화 중 한 가지는 내가 습관적인 감정에 끌려가기보다 그것으로부터 깨어난다는 점이다. 마치 〈오즈의 마법사〉에 나오는 한 장면처럼 말이다.

어느 힘센 목소리가 "내가 오즈다!"라고 소리치자 사람들이 무서워한다. 하지만 작은 강아지 토토가 그에게 뛰어가 커튼을 끌어내린다. 그러자 구부정한 노인이 나타난다. 토토는 이를 보고 자신의 마이크에 대고 말한다.

"커튼 뒤의 노인에게 신경 쓰지 마."

감정의 모드는 보이지 않는 커튼 뒤에서 오즈와 같은 힘을 휘두른다. 그런데 그것은 정직하게 살펴보는 순간 힘을 잃고 만다. 이 진정한 분별력은 모드가 가진 보이지 않는 힘을 빼내어 우리에게 올바른 선택을 하도록 돕는다. 깨어 있기라는 분별력은 우리의 내면에 사는 토토와 같다.

자신의 습관적인 모드 반응을 더 잘 자각하고, 그런 반응을 일으키는 감정에 대해서도 알아차리기 시작하면 아무 생각 없이 자동적으로 내리는 선택도 훨씬 줄어든다. 선택이 순전히 감정의 습관에 지배되는 일이 줄어들수록 그것은 더 창의적인 선택이 될 것이다.

죽음의 문턱에서 본 것

노먼은 지나치게 냉소적이고 부정적인 태도를 갖고 있던 자신의 과거에 대해 이야기했다. 당시 그는 너무나 우울해서 행동으로 옮기지는 못했지만 자주 자살을 생각했다. 그의 삶은 산산이 부서지고 있었다. 아내는 어린 딸을 데리고 그를 떠났다. 노먼은 더 이상 삶을 지속할 이유가 없다고 느꼈다.

그의 이런 사정을 잘 알고 있던 친구들은 그에게 함께 캠핑을 가자고 제안했다. 썩 내키지는 않았지만 노먼은 그것도 괜찮을 것 같아 따라 나섰다.

여행 중의 어느 날, 그는 폭포 꼭대기에서 골짜기 아래를 내려다보며 광대한 자연을 간끽하고 있었다. 흥분한 그는 땅위로 삐져나온 커다란 나무뿌리를 붙잡고 언덕 아래로 조금 더 내려가보기로 했다. 그런데 갑자기 나무뿌리가 부러지면서 아래로 굴렀다. 그는 폭포의 절벽 가장자리까지 굴러갔다. 조금만 더 구르면 세상과 영원히 작별해야 할지도 모르는 상황이었다. 그의 친구는 그가 구르는 모습을 비명을 지르며 지켜보았다. 다행히 언덕배기의 꺾어진 나뭇가지에 걸린 그는 절벽 아래로 굴러 떨어지지는 않았다.

약간의 찰과상을 입었을 뿐 의식은 멀쩡한 채로 위로 기어오르더니 노먼은 친구에게 이렇게 소리쳤다.

"나 괜찮네, 친구!"

그리고 노먼은 나중에 이렇게 이야기했다.

"그 순간 이후로 저는 자살 같은 건 생각하지 않게 되었습니다. 모든 게 제게 주어진 선물처럼 느껴졌거든요."

그는 이 끔찍한 순간을 겪는 동안, 사람들에게 받았던 사랑이 떠오르더라고 회고했다. 그것이야말로 그가 받은 진짜 선물이었다. 죽음의 문턱에서 그의 감정은 빠르게 긍정적인 모드로 옮겨갔다. 그곳에서 그는 자기 주위에 사랑이 가득하다는 것을 느꼈다.

그는 덧붙였다.

"제가 내리는 선택들이 저를 부정적인 쪽으로도 긍정적인 방향으로도 이끌 수 있다는 사실을 언덕에서 굴러 떨어지며 분명히 보았어요."

여행을 하는 동안 노먼은 자기 감정의 독소가 완전히 제거되고 훨씬 긍정적인 모드로 대체되는 것을 보았다.

부정적 사고는 잘못된 것에 대한 자기중심적인 집착이다. 집착할수록 우리는 더 괴로움을 겪어야만 한다. 그러나 죽음을 아슬아슬하게 비켜간 노먼처럼, 자신의 부정적인 집착을 조금이라도 알아차릴 수 있다면 자기중심적 습관은 점차 누그러지기 시작한다.

심리적 상전이

누구나 자신이 선호하는 감정의 모드가 있다. 어느 특정한 순간에 우리는 자신도 모르게 그 모드로 들어간다. 그런데 모드는 고정되어 있지 않고 변화하는 성격을 갖고 있다. 이 때문에 안정된 모드에서 더 많은 시간을 보내고 유해 모드를 덜 사용한다면, 성장과 변화는 언제든 일어날 수가 있다. 누구나 더 나은 모드로 옮겨갈 수 있는 잠재력을 지니고 있는 것이다. 물리학자들은 이러한 변화를 '상전이相轉移, phase transition'라고 부른다. 젖은 진흙덩이에 충분히 열을 가하면 단단한 벽돌이 되고, 모래에 고온의 열을 가하면 유리가 되는 현상이

'상전이'다.

상전이는 물질계뿐 아니라 인간의 내면에서도 일어날 수 있다. 물이 얼음과 수증기로 변화하듯이, 인간의 감정의 모드도 전환시킬 수 있다는 이론이 심리학의 상전이다. 혼란스럽고 들뜬 모드라도 올바른 자각으로 평온하고 명료한 모드로 변화할 수 있다는 말이다. 그 예로, 떼쓰는 아기에게 부드러운 자장가를 들려주며 사랑의 마음을 담아 안아주면 아이는 금세 품안에서 잠이 든다.

탐욕이나 화를 일으키는 감정의 모드들이 어떻게 평온하고 긍정적인 자질들로 변화할 수 있을까?

발달심리학은 인간관계에서 일어나는 부적응 모드에 주목한다. 사람과 너무 가까워지지 않으려는 태도나 불안에서 비롯된 끝없는 걱정 등이 모두 부적응 모드에 해당한다.

반면에 안전하고 통합된 모드는 긍정적이고 적응적인 존재 방식을 키운다. 그러한 모드에서 삶은 무리 없이 흘러가며 올바른 인간관계와 건강, 창의성 등을 꽃 피우게 된다.

모드의 스펙트럼은 무거운 것에서 가벼운 것에 이르는 내면의 사다리를 닮았다. 사다리의 맨 아래 가로장에는 자기 파괴적인 모드들이 자리하고 있다. 거기에서 생각은 수증기 원자처럼 혼란스럽고, 감정은 종잡을 수 없도록 움직인다. 그러나 건강한 모드로 옮겨가는 순간 평온은 되찾아지고 명료함이 일어난다. 긍정적인 모드들은 일상적인 존재의 무게를 초월하는 감정의 상태로 자아를 끌어당긴다.

내면의 사다리에 올라타고 있을 때마다 스즈키 로시 선사의 말을 기억할 필요가 있다.

"우리는 있는 그대로의 모습으로 완벽하다. 그러나 거기서 조금 더 나아갈 수도 있다."

모드는 마음을 가장 힘들게 하는 것에서부터 가장 자유롭게 하는 것까지 그 범주가 다양하다.

감정의 모드의 색깔

모네의 그림은 사물을 바라보는 새로운 방식을 생생하게 가르쳐준다. 모네는 다른 눈으로 사물을 바라보도록 초대한다.

미술사가들은 모네의 놀라운 인상주의 작품들이 그의 백내장에서 기인한 왜곡된 인식의 표현이라고 말하곤 한다. 즉 정상적인 사람이라면 느끼지 못할 빛의 세계를 모네는 시력의 장애 때문에 볼 수 있었다는 말이다.

시력이 점점 떨어졌음에도 모네는 자신이 본 것을 계속해서 그림으로 표현했다. 모네는 빛의 성질에 대해, 그리고 빛이 대상을 미묘하게 변화시키는 모습을 그림으로 표현하는 데 많은 노력을 기울였다. 모네에게 중요한 것은 경관이 흐릿한지 선명한지가 아니라, 오묘한 빛의 성질을 캔버스 위에 구현해낼 수 있느냐 없느냐였다. 모네의 흐릿한 시선을 흉내 내며 그의 그림을 보고 있노라면, 그림에 구현된 빛의 성질로 관심이 옮아가는 것을 느낄 수 있다.

시야가 흐릴 때라도 사물을 제대로 바라볼 수 있을까? 불교심리학적으로 묻는다면, 혼란의 한가운데서도 우리는 지혜를 발견할 수 있을까? 마음의 진흙탕에서도 의미를 추구할 수 있을까? 그리고 새롭게 바라볼 수 있다면 마음의 안개도 걷어낼 수 있을까?

감각 놀이를 다룬 아동서에는 만지고 보고 냄새 맡는 페이지가 들어 있다. 이 페이지들은 아이들에게 사물을 어떻게 느끼고 인지하는지 가르치기 위한 것이다. 그중에는 여러 색의 플라스틱으로 된 투명 카드도 있다. 아이들은 몇 초 동안 카드를 눈에 대고 사물을 본 뒤, 이번에는 카드를 대지 않고 사물을 본다. 그러면 잠시 잔광이 남는데, 잔광은 조금 전 보았던 카드 색깔의 보색이 되는 색이다. 만약 초록색 카드를 통해 보았다면, 카드를 뗀 후에는 사물이 불그스름한 장밋빛처럼 느껴진다. 하지만 잔광은 곧 사라지고 다시 원래대로 사물을 볼 수 있게 된다.

우리의 지각은 마치 이러한 색깔 렌즈 같은 것이다. 지각에 색을 입히는 것이 바로 감정의 모드가 된다. 그래서 모드의 색깔에 따라 사물은 파랗게도 빨갛게도 보인다. 내가 사물을 어떻게 지각하는지 결정하고, 그럼으로써 내가 사는 세상을 규정하는 것이 바로 내가 지닌 감정의 모드라는 렌즈다. 나를 규정하는 것은 삶이 나를 시험하는 방식이 아니라, 내가 시험을 치를 때 어떤 관점의 렌즈를 끼고 있느냐라는 뜻이다.

그리스 철학자 에픽테토스는 그것을 이렇게 표현했다.

"우리는 사물 자체 때문에 마음이 불편한 것이 아니다. 사물을 대하는 우리의 관점 때문에 마음이 불편해진다."

아론 벡은 이것을 오늘날에 맞는 방식으로 설명한다.

"결국 문제는 어디에 주의를 집중하는가이다. 부정적인 것에 집중하면 부정적인 것밖에 보이지 않는다. 긍정적인 것에 집중하면 부정적인 것에 집중할 때와는 전혀 다른 것을 보게 된다."

유리잔에 물이 반이나 비어 있다고 보는 사람은 단지 남보다 더 비관적인 성향을 가진 것만은 아니다. 벡 박사가 발견한 대로, 그들은 실제로 우울감을 느낄 확률이 더 높다.

모드는 나를 가리는 장막과 같다. 장막을 그저 장막으로 볼 수도 있지만, 나는 장막을 통해 세상을 보기도 한다. 내가 더 안정되고 현재에 존재하게 되면 장막은 점점 엷어질 것이다. 마치 연못의 진흙이 바닥으로 가라앉으면 수정처럼 맑은 물이 드러나듯이 말이다.

자신의 모드 알기

말馬이 지닌 감각 세계를 이해하는 방법이 있다. 손바닥을 펴서 정면이 보이지 않도록, 즉 양쪽 측면만 보이도록 자신의 얼굴을 가려 보라.

"말은 그런 식으로 세상을 봅니다."

밥 사도스키가 말했다.

"말의 한 쪽 눈은 각기 뇌의 한 쪽에 말을 겁니다. 말이 특정 대상에 다가가는 것을 지켜보면 양쪽 눈이 그 대상의 이미지를 완전하게 포착하기 위해 머리를 좌우로 흔드는 것을 볼 수 있습니다."

말의 눈은 머리 측면에 붙어 있기 때문에 정면에는 커다란 사각지대가 발생한다. 그러나 사람의 눈은 정면을 향해 있기 때문에 말도 우리와 같을 거라고 생각한다. 즉 사람이 말에게 정면에서 다가서며 손을 내밀면 이곳은 말의 사각지대이기 때문에 말은 그것을 알아보지 못한다. 이것은 말을 허둥대게 만들며 위협을 느끼게 만들 수 있다. 심지어 말은 그런 상대를 포식자로 인식할 수도 있다.

밥은 말에게 천천히 측면에서 다가간다. 말이 사람의 접근을 알아볼 수 있게 한 뒤, 부드럽게 말을 쓰다듬어 먼저 안전하다고 느끼게 만든다.

자신의 모드를 자각하는 것은 말과 같은 동물들이 세상을 어떻게 인지하는지 아는 것과 같다. 우리는 모드의 고유한 신호들-갑자기 치밀어 오르는 화라든지 꽉 조여 오는 공포감, 회피의 무감각 등-이 몸과 마음에서 일어날 때 그것을 인지할 수 있다. 우리는 자신이 지금 어떤 모드에 있는지 모를 수도 있지만, 무언가 좋지 않은 것이 자신에게 다가오고 있음을 느낄 수도 있다. 그것은 자신에게 익숙한 불쾌한 느낌 덩어리거나, 아니면 현재로부터 아득한 느낌을 일으키는 정신적 안개 같은 것이다.

특정한 모드에 완전히 사로잡혀 있을 때 우리는 그 모드의 렌즈를 통해 세상을 보면서도 그 사실을 미처 깨닫지 못한다. 그런데 우리가 부적응 모드에 사로잡혀 있음을 알려주는, 숨길 수 없는 신호가 몇 가지 있다. 같은 생각의 계속적인 반복, 균형을 잃은 감정 상태, 숙고하지 않는 자동반사적인 반응 등이 부적응 모드의 중요한 신호들이다.

우리의 주의가 더 적응적일수록 우리는 실재實在의 더 많은 측면을 식별할 수 있다. 반면, 주의가 경직될수록 사고의 범위는 좁아지고 우리는 더 자기 함몰적으로 변한다.

부적응 모드에 사로잡혀 있을 때는 자기 함몰적인 요소들이 모두 작동한다.

첫째, 해당 모드에 전형적으로 나타나는 느낌에 감정이 고정되어 그 모드의 렌즈를 통하지 않고서는 사물을 보는 능력이 줄어들거나 아예 없어진다. 그리고 그 세계관에 일치하지 않는 것이면 무조건 무시해버린다.

둘째, 사건들-심지어 적절하지 않은 사건들까지도-의 의미를 왜곡시켜 그것을 '자신'에 관해 무엇인가를 말하는 것으로 해석한다. 자기중심적 사고에 사로잡혀 자신만의 왜곡된 해석을 내리는 것이다. 이로써 특정 사건이 실제로 자신과 갖는 관련성을 과장시킨다.

마지막으로, 그 모드가 자신에게 부과하는 목적과 욕망에 집착한다. 심지어 타인의 안전과 권리에 해를 입히면서까지, 그리고 때로 자신을 희생하면서까지 그런 사태가 벌어진다.

부정적(부적응) 모드가 시작되었다는 신호를 알아차리는 것이 이런 습관을 바람직한 방향으로 변화시키는 첫 단추다. 일단 모드를 인지하면 변화하는 날씨처럼 그것은 일시적인 감정 상태라는 사실을 떠올려야 한다.

한 여성은 평생에 걸쳐 자신의 인간관계에서 반복되던 어려움이 그때까지 자신이 인지하지 못하던 감정의 모드였다는 사실을 깨달았다. 그녀는 이렇게 말했다.

"내가 어떻게 나의 시각을 왜곡시켰는지 보게 되었어요. 저는 살면서 한 번도 그것을 왜곡된 관점이라고 생각해본 적이 없었어요. 그저 그것이 곧 나라고만 생각하면서 살았죠!"

인간이라면 누구나 어느 정도 부정적 모드를 갖고 있다는 사실을 이해하면, 우리는 연민의 마음으로 그것을 인정하며 고개를 끄덕일 수 있다. 그러면 상대의 모드 때문에 마음이 불편해지는 일은 줄어들 것이다. 이것은 자신의 모드에 다가갈 때도 마찬가지다.

우리는 누구나 습관이 되어버린 자신의 모드에 이끌리는 성향이 있다. 마치 그 모드가 곧 '자신처럼' 느껴지는 것이다. 이것이 습관적 모드를 변화시킬 때 감당해야 하는 한 가지 도전이다. 즉, 마치 그러한 습관들을 원래부터 지니고 있었던 것처럼 느낀다는 사실이다. 자신의 모드를 정직하게 바라보지 못하면 삶의 변화를 일으키기는 쉽지 않다.

정직하게 자신을 평가하고, 스스로의 평가에 마음을 열어 견딜 수 있으려면 자신에 대한 연민의 마음을 닦아야 한다. 예컨대, 자신의 현재의 유해 모드가 과거에 힘든 상황에 적응하느라 생겨났다는 사실을 부드럽게 인정하는 식이다. 그럼으로써 인생 초기의 생존 메커니즘이 필요 이상으로 오랜 시간 지속되어 왔다는 사실도 받아들여지기 시작한다.

모드가 분출하고 사라지는 과정 한가운데서도 스스로 자신에 대해 공감하고 연민의 마음을 지닐 수 있다. 이때 공감은 자신에 대한 가혹한 평가가 아닌, 스스로의 실수와 부끄러움에 대한 용서하는 마음이다.

왜곡된 모드에 빠져 있는 한, 우리는 마치 성장의 초기 단계에 멈춰버린 아이와 비슷하다. 이 멈춰버린 상태를 소생시켜 계속 자라도록 만들기 위해서는 자신에 대한 따뜻한 이해가 필요하다. 그럼으로써 '나'라는 존재의 부서진 일부를 자기 본성의 보다 큰 차원으로 통합할 수 있다. 이 과정에서 자기 연민은 내면을 가로막고 있던 장벽을 허물어뜨린다. 자기 안에 있는 상처받은 아이를 따뜻하고 부드러운 손길로 감싸 안아줄 사람은 자신뿐이다. 그럴 때 우리는 '애벌레가 삶을 다 살았다고 생각하는 순간 나비가 되는 것'처럼, 성장을 위한 마음의 허물을 한 겹 벗겨낼 수가 있다.

3

감정의 근본 원인

불교심리학은 인간의 마음을 '세 가지 뿌리'로 해석한다. '집착'과 '혐오', 그리고 이 둘의 근본 원인인 '혼돈'이 그것이다. 이 뿌리들이 극치의 모습이 되어 마음 안에서 독소로 작용한다는 것이다.

'집착'은 사소한 취향에서부터 노골적인 욕망에 이르기까지, 혹은 매달리는 것에서 강한 탐욕에 이르기까지 다양하다. 내려놓지 않으려는 인색함 역시 집착의 한 모습이다.

'혐오'는 미묘한 거리두기에서 시작해, 분노나 강한 증오심으로 발전할 수 있다.

그리고 이 두 모드가 어정쩡하게 뒤섞여 대상을 곡해曲解하는 정신적 안개 상태가 '혼돈'이다.

세 뿌리가 극에 달하면 문제가 일어난다. 집착은 중독이 되고, 혐오는 증오와 폭력으로 변하며, 혼돈은 불의와 잔혹함에 대한 무관심으로 바뀔 수 있다. 이들은 모두 인간의 삶에 파괴적인 영향력을 행사한다.

붓다는 이러한 존재방식을 '멀리해야 할 기질'이라고 불렀다. 누구라도 특정한 상황에서 이러한 존재방식들에 빠져들 수가 있다. 붓다는 그러나 이 기질들은 고정 불변의 것이 아니며, 얼마든지 바뀔 수 있다는 것도 강조했다.

단순한 집착과 혐오는 간혹 삶의 덤불을 헤쳐 나가도록 돕기도 한다. 단순한 집착과 혐오 덕분에 갖가지 상황을 매번 다시 곱씹지 않아도 될 때가 있다. 그것이 지나칠 때 이른바 '독소'가 되어 괴로운 존재방식을 불러일으킨다. 독소는 대상이 지닌 긍정적이거나 부정적인 성질을 도드라지게 만들어 내면의 균형 상태를 파괴한다.

문제는, 감정의 모드가 만들어내는 왜곡이 행동을 부추기는 패턴을 알아차리지 못할 때 시작된다. 그때 우리는 집착과 혐오라는 안개를 통해 세상을 보게 된다. 그것이 무의식적 습관이 되면, 그 순간 자신에게 어떤 일이 일어나더라도 반응은 이미 정해진 틀을 벗어나지 못한다. 자신이 보기에 즐거운 대상이면 습관적으로 그것에 이끌릴 것이고, 불쾌한 대상이면 밀쳐내려 할 것이다. 이때 대상의 성질이 즐거운 것인가 불쾌한 것인가는 그 사람이 지닌 감정 모드에 따라 완전히 달라진다. 어떤 사람에게 유쾌한 일이 어떤 사람에게는 지극히 혐오스러운 대상일 수가 있다. 가령 A는 남을 속여 자신의 이득을 취하는 일을 짜릿한 즐거움으로 여길 수 있지만, B는 그것을 사람이 절대로 해서는 안 될 악질적인 행동으로 간주할 수 있다. 대상은 동일하지만 두 사람의 감정의 모드가 그것을 완전히 다르게 해석하고 받아들이는 것이다.

세 가지 뿌리

어느 부부가 새 집을 찾고 있었다. 결국 집 하나를 구입했는데, 처음에는 집에 대해 서로 사뭇 다른 반응을 보였다. 부동산 중개인이 뒤편에 넓은 숲이 있는 삼각형 집을 보여주었다. 아내는 집을 보자마자 마음에 들어했다. 나무가 우거진 환경, 숲과 초원이 내려다보이는 경관, 그리고 골조가 겉으로 드러나 있는 대성당 모양의 천장이 좋았다. 하지만 아내가 무엇보다 좋아했던 것은 그 집의 개선 가능성이었다. 처음에 그녀는 좁은 방과 저렴한 건축 재료가 마음에 들지 않았다. 하지만 '그녀 내면의 장식가'는 곧 방을 리모델링하고 다양한 색상과 타일을 사용하면 좋아할 만한 집으로 탈바꿈시킬 수 있겠다고 판단했다.

한편 남편은 처음부터 그 집이 마음에 들지 않았다. 마치 고등학교 기술 교사가 목공 수업을 위해 지은 싸구려 집처럼 보였기 때문이다. 방은 너무 작았고 벽이 직각으로 제대로 맞물리는 곳도 별로 없었다. 남편은 싸구려 재료를 도저히 납득할 수 없었다. 벽에 붙어 있는, 비닐을 씌운 베니어판도 마음에 들지 않았다. 또 목재 기둥을 흉내 낸, 천장에 붙어 있는 검은색 플라스틱 '원목'도 싫었다. 그가 유일하게 마음에 들었던 것은 집 뒤의 숲에서 흘러나오는 신선한 시냇물 정도였다.

부부는 친구를 데려와 의견을 물었다. 하지만 그녀는 별로 도움이 되지 않았다. 그녀는 집의 수리 가능성에 대해서도, 집의 단점에 대해서도 별로 의식하지 못하는 듯했다. 그녀는 두 사람이 그 집에 대한 자신의 의견을 구하고 있다는 사실도 제대로 인식하지 못했다. 친구는 부부가 묻는 질문에 그저 모호하게 '잘 모르겠어.'라고만 답했다. 그리고는 자기가 아는 지인에 대한 이야기며, 점심식사를 하기에 좋은 식당 이야기를 늘어놓기 시작했다.

세 사람의 반응은 앞서 말한 세 가지 뿌리에 기초한 모드를 보여주고 있다.

집에 대한 아내의 호의적인 반응은 그 집의 매력에만 무게를 둔 집착 모드를 보여준다. 그 집에 대해 생각할수록 그녀는 어떻게든 그 집을 소유하길 바랐다.

한편 남편의 부정적인 반응은 자동반사적인 싫음에 의해 일어나는 혐오 모드를 보여주고 있다. 이 모드에서 사람들은 잘된 것보다 잘못된 것에 더 초점을 맞추면서 다른 가능성은 무시해버린다. 극단적 상황에 이르면 거부하는 것뿐만 아니라 적대감을 드러내게 된다.

그리고 친구의 모호한 반응은 혼돈 모드에 해당한다. 그녀의 혼돈은 우유부단과 무관심의 상태를 일으키고 있다. 혼돈은 상황을 이해하지 못하는 것을 넘어 훼방이 될 수 있다.

단서 알아차리기

5세기에 집필된 인도의 불교 경전 〈바단타카리야 붓다고사Bahdantacariya Buddhaghosa〉에는 방이나 마당 등을 청소하는 모습만 봐도 그 사람이 어떤 감정의 모드를 선호하는 사람인지 알 수 있다는 내용이 실려 있다.

집착 모드에 있는 사람은 마치 발에 스프링을 단 듯이 경쾌하고 날렵하게 청소를 한다고 경전은 설명한다. 그들은 새로운 장소에 들어갈 때 그곳에서 가장 즐거움을 주는 것을 즉각적으로 알아차린다. 마찬가지로 그들은 새로운 누군가를 만날 때도 상대방의 첫 모습에서 가장 긍정적인 부분에 인상을 받기 때문에 분명하게 드러나는 단점도 때로 알아보지 못하는 경우가 있다고 덧붙인다.

이러한 집착 모드는 움켜쥐는 것과 감각적 즐거움을 에너지로 삼는다. 이 모드에서 인간은 점점 많은 것을 원하며 안락함에 매달리고, 모든 종류의 불편함과 부조화를 회피한다. 이 모드에서 자주 나타나는 도움 되지 않는 감정 상태는 허욕, 자기중심적 고집, 자만, 질투, 속임수 등이다.

반대로 혐오 모드에 있는 사람은 거칠고 화난 움직임으로 청소를 한다. 그리고 대개 세상을 부정적인 렌즈로 바라보기 때문에 눈에 보이는 것을 쉽게 거부하고 계속해서 비난을 일삼는다. 이들은 좋은 것을 보지 않고 나쁜 것만 골라서 본다. 혐오 모드의 교과서적인 사례로 볼 수 있는 사람의 말은 이런 것이다.

"새로운 모든 것에 대한 저의 첫 반응은 '아니오'라고 말하는 것입니다."

혐오 모드로 세상을 보는 사람은 무엇을 보든 잘못과 문제만 본다. 그런 판단으로 그들은 쉽게 불쾌감을 느끼며 남을 깔보고 자주 다툼을 일으킨다. 이 모드가 강할 때 인간은 인색하고 엄격하며 복수심을 품고 잔인하며 오만해진다. 혐오 모드에 있는 사람은 참을성이 없고 성마른 태도로 세상을 살아간다. 몸을 꽉 조인 채로 삶을 사는 것이다.

혐오 모드가 극에 달하면 상스럽고 충동적이며 제어되지 않는 적의를 드러낸다. 예컨대 "나는 네가 싫어!"라고 말하며 폭발한다. 혐오 모드에 있는 사람들은 보다 세련된 버전으로 자신의 혐오를 미묘하게 드러내기도 한다. 상처를 주는 비판이나 빈정거림, 무시하는 말투 등이 그런 것들이다.

다음으로 혼돈 모드가 있다. 이 모드에서는 동요와 걱정이 일어난다. 혼돈 모드에 빠지면 '알고자 하는 의지'가 일시적으로 차단된다. 이 모드에 있는 사람들은 결정을 내리지 못하고 우유부단하며, 종종 자신이 무엇을 해야 하는지 잘 알지 못한다. 그들은 현재 일어나고 있는 일을 무시해버림으로써 자신의 불편한 감정을 쉽게 해소하려 든다.

청소에서도, 혼돈 모드에 있는 사람은 청소를 닥치는 대로 아무렇게나 한다. 그들은 어정쩡하게 움직이고 걷는다. 사회적 상황이라면 그들은 그저 다른 사람의 지시를 따르기만 하는 태도를 취할 것이다. 경전은 이 모드를 '잠이 덜 깬 상태'로 묘사한다. 누워 자다가 갑자기 일어나 어안이 벙벙한 상태 말이다.

불교심리학에 관한 책을 저술한 명상지도자 잭 콘필드는 이 세 가지 정신적 성향에 관한 세미나를 열었다. 그는 서로 마음이 맞는 사람들끼리 그룹을 만들어 자신의 모드가 어떤 것인지 토론하게 한 뒤, 그것을 다른 참가자들에게 발표하도록 했다.

집착 그룹은 그들 스스로 최선의 결과를 얻기 위해 공손하고 협조적으로 일했다.

혐오 그룹은 평가와 개인 문제를 일으키며 서로 의견이 충돌하는 경우가 많았다. 심지어 청중에 대해서도 의견의 불일치를 보였다.

그리고 혼돈 그룹의 프레젠테이션은 초점이 없고 혼란스러웠다.

이들 모드를 종합하면, 집착 모드는 '무엇이 최선일까?'라고 묻고, 혐오 모드는 '무엇이 잘못되었나?'라고 물으며, 혼돈 모드는 '무슨 일이야?'라고 묻는다.

다가갈까 회피할까

아이들에게 가장 좋아하는 색깔이 무엇인지 물어보면 한결같은 대답을 얻게 된다. 인간의 기초적인 자아감은 이미 두 살 때 확립되며, 거기서 개인의 모든 취향과 이익의 관념이 생겨난다. 인간이 그렇게 단순한 좋음과 싫음을 그토록 쉽게 마음에 새기는 것은 이러한 선택이 뇌의 좌우 양쪽에 심어진 기본적인 설계에서 비롯되기 때문이다.

파충류를 비롯한 모든 종種에서 뇌의 오른쪽은 주로 회피 역할을 담당하며 왼쪽은 접근하는 역할을 한다. 대부분의 사람 역시 싫어하거나 위협적인 것을 발견할 때 뇌의 오른쪽 부위가 더 활성화되고, 원하고 좋아하는 것을 발견할 때면 왼쪽 부위가 더 활성화된다. 우리가 살면서 마주치게 되는 모든 대상은 편도체 회로에 의해 즉각적으로 '좋은 것' 아니면 '싫은 것'으로 분류된다. 새끼고양이? 전갈? 무엇이든 마찬가지다. 우리는 그것에 대해 한 번 더 생각할 틈이 없다. 즉각적으로 선택이 내려지는 것이다.

이러한 접근-회피 방식은 감정의 작용에 매우 깊이 뿌리내리고 있어 많은 심리 이론들이 이것을 활용한다. 접근은 집착 모드의 핵심이며, 회피는 혐오 모드의 핵심이다.

이처럼 인식하는 모든 것을 감정적으로 긍정적이거나 부정적인 것으로 평가하게 되면 마음속에서는 평가와 생각, 느낌, 행동이 봇물처럼 터질 준비를 갖추게 된다. 이는 원하는 대상이라면 그것을 소유하려는 탐욕이 일어나고 싫어하는 대상이라면 혐오와 두려움, 분노를 느끼며 그것에서 멀어지려는 생각이 일어난다는 것을 의미한다. 유쾌한 경험이라면 그것에 끌려가는데 그것이 집착의 씨앗이다. 또 불쾌한 경험이라면 마음은 그것으로부터 멀어지려고 하며 이것은 곧 혐오로 이어진다. 또 자신의 감정이 집착하고 있는지 혐오를 느끼고 있는지 알아차리지 못하는 의식의 지체 현상은 무지로 들어가는 혼돈의 문이 될 수 있다.

집착의 과충전 상태는 '접근의 감정'으로서, 원하는 대상을 찾아 움켜쥐고 소유하려 들게 만든다. 이 모드에 있을 때의 인지적 편향은 대상의 긍정적인 면을 과장하고 부정적인 면은 무시하게 만든다. 새 전자기기든 신발이든, 탐욕의 안개는 대상의 바람직하지 못한 측면에 눈을 멀게 만든다.

이때는 원하던 것을 손에 넣더라도 욕망은 거기서 그치지 않는다. 또 다른 대상을 찾아 나서는 것이다. 집착 모드에 있을 때 우리는 끝없는 불만족을 느낀다. 매우 목이 마른 상태에서 짠 소금물 한 컵을 마시면 더 갈증을 느끼게 되는 것처럼, 원하는 것을 가질수록 그것을 더 원하게 되는 것이다.

집착에서 오는 이런 종류의 '갈증'은 일시적인 충족을 넘어 결코 완전히 해결될 수가 없다. 왜냐하면 끝이 없는 것이 갈증이기 때문이다. 붓다는 심지어 수행의 지복 상태에 중독되는 것 역시 갈증의 변형된 모습에 해당한다고 충고했다.

집착(접근) 모드와 마찬가지로 회피 모드도 왜곡을 일으킨다. 이것은 대상의 긍정적인 측면을 무시하고 부정적인 측면만을 강조하는 감정 상태다.

불쾌한 느낌을 주는 것을 회피하면 일시적인 안도감을 느낄 수 있지만, 이때도 근본적인 혐오감은 사라지지 않는다. 대상이 사물이든 사람이든 다시 나타나면 불쾌한 느낌도 결국 다시 찾아온다. 왜냐하면 감정의 기본적인 불편함은 적당한 조건이 갖추어지면 언제든 다시 일어날 준비를 하고 있기 때문이다.

물려받은 정신 유산

어느 봄 날, 부엌 창문으로 정원을 바라보고 있던 나는 작은 토끼 한 마리가 미동도 없이 가만히 앉아 있는 것을 발견했다. 토끼도 창문으로 나를 보고는 그 자리에 얼어버린 듯 움츠리고 있었다. 내가 수도꼭지 쪽으로 다가가자 토끼는 완전히 긴장한 듯했다. 작은 코를 벌름거리면서 감각을 예민하게 곧추세우는 것 같았다. 뾰족한 귀를 쫑긋 세운 채 긴장하고 있었고, 눈은 깜박이지도 않고 한곳을 지켜보고 있었다. 그렇게 토끼는 주변의 위험을 신중하게 감지하고 있었다. 한동안 그렇게 주변을 살피던 토끼는 시간이 흐르자 조금 마음이 놓이는지 몸을 부드럽게 풀고는 다른 곳으로 갔다.

그때 토끼는 자신의 조상들이 수많은 위험으로부터 스스로를 안전하게 지켜온 '토끼 감정'을 사용했던 것이다. 토끼 감정의 인간 버전 역시 스스로를 안전하게 지키기 위한 것으로, 우리는 가장 기본적인 감정의 모드를 고대 인류 적부터 유산으로 물려받았다. 이러한 모드들은 당시의 생존에 필수적인 전략이었을 것이다. 다가갈 것인가 회피할 것인가는 그렇게 우리의 유전자 속에 오래 전부터 심어졌다.

과학자들은 어미 쥐가 새끼 쥐를 충분히 핥아주고 쓰다듬어주면 새끼 쥐의 유전자는 미지의 것에 더 쉽게 다가가는 방식으로 형성된다는 사실을 밝혀냈다. 만약 새끼 쥐가 보살핌을 받지 못하면 새끼 쥐의 유전자는 회피 패턴으로 선회한다. 그래서 새로운 장소나 물건을 보면 먼저 두려움부터 느끼고 회피하려 한다.

동물과 인간을 따로 구분할 필요가 없는 이러한 감정의 기본적

도식들이 오늘날 우리의 삶에도 작동하고 있다. 탐험정신이 강한 집착 모드는 알려지지 않은 세계와 가능성을 추구한다. 주의력이 강한 회피 모드는 스스로가 곤란에 빠지지 않도록 주변을 끊임없이 경계한다.

모드들 각각은 삶의 특정한 문제를 해결하도록 고안된 기술을 구체적으로 작동시킨다. 그리고 적절한 단서가 나타나면 즉시 활성화된다. 모드 가운데 어느 것을 선택해야 할지 생각할 필요가 없다. 그것은 의식하지 못하는 사이에 자동적으로 선택된다. 적절한 때에 적절한 모드가 지체 없이 움직이는 것이다.

도망(회피) 모드로의 급격한 전환은 토끼의 생존 지침에 따른 것이다. 순간적으로 일어나는 이 작용은 행동을 취하기 전에 멈추어 다른 가능성에 대해 생각하는 것보다 훨씬 빠르게 해야 할 일을 알려준다. 이것은 인간 역시 오늘날에도 지니고 있는 오래된 생존 전략이다.

안전하다는 것을 확인하기 위해 뇌 깊숙한 곳에 자리한 감정중추인 편도체는 끊임없이 주변의 위험을 탐색한다. 그리고는 보이지 않는 곳에서 행동을 촉발하며, 본인은 알지도 못하는 사이에 매우 빠른 속도로 스스로를 휘어잡는다. 이성적 마음은 모드에 빠져들 때까지 편도체가 모드를 일으키고 있다는 사실을 눈치 채지 못한다.

덩치 큰 아이들이 괴롭히는 동네에서 자란 사람에게 토끼 감정 같은 모드는 하나의 적응수단일 수 있다. 적어도 그 기간 동안은 말이다. 하지만 한때 유용했던 모드가 계속적으로 지속되어 나중의 삶에서 그것이 더 이상 필요 없게 된 상황에서도 동일한 방식을 고집한다면 그것은 해결책이 아니라 문제가 된다.

토끼 감정은 생존을 위한 기본적인 모드일 수 있지만, 악의 없는 사람을 위협으로 오판하거나, 사랑하는 사람과 오해의 다툼을 일으키거나, 새로운 친구를 사귈 수 있는 기회를 놓쳐버리는 것을 의미할 수도 있다.

모드가 가진 힘을 느슨하게 하려면 우선 그것이 어째서 효율적이지 못한지를 먼저 깨달아야 한다. 부정적 모드에 휩쓸리는 동안 자신이 원하는 것을 얻고 있다고 잘못 믿을 수 있기 때문이다. 이런 잘못된 믿음은 모드가 생각과 반응을 초래한 결과로 나타난 착각일 뿐이다. 모드가 잘못된 추론으로 작동했음에도, 그 모드의 영향력 아래에 있는 동안은 그것을 바로잡기란 무척 어렵다. 역기능적 모드가 지닌 가장 큰 딜레마는, 모드에 사로잡혀 있는 한 그 모드가 만들어내는 어려움을 벗어날 길을 발견하기가 좀처럼 쉽지 않다는 점이다. 유해한 모드가 왜곡된 렌즈와 잘못된 가정, 편협한 시각, 오류 섞인 추론으로 우리의 마음을 사로잡을 때 우리는 깊은 잠에 떨어진 것이나 마찬가지다.

4

회피와 불안

영국의 정신분석가 존 보울비John Bowlby는 "인간은 평생토록 안정감을 주는 장소와 사람을 필요로 한다."고 말했다. 편안한 엄마의 품이 아이를 진정시키는 것처럼 말이다.

보울비가 발견한 것처럼, 우리는 어릴 때부터 지녀온 안정에 대한 욕구와 습관을 나중의 친밀한 관계에까지 연장해 가져간다. 욕구와 습관들은 자신이 살았던 작은 세계, 즉 부모님과 가족, 친구와 선생님 등 핵심 인물들과의 관계 속에서 만들어진다. 아이를 돌보는 당사자가 안정과 보호에 대한 아이의 욕구를 어떻게 충족시켜주었는가에 따라 아이의 일생은 상당한 영향을 받는다.

냉담하고 불안정한 어른 밑에서 길러진 아이는 어른이 되어서도 다른 사람과의 관계에서 불안정한 모드를 지닐 가능성이 더 높다. 그런 환경에서 키워진 믿음이 나중의 관계에까지 영향을 미치는 것이다. 과거를 보면 그의 미래를 알 수 있다는 말이 적어도 이때는 온전히 성립이 된다.

불안정한 감정은 회피 모드와 불안 모드를 형성시킨다. 이때의 두 모드는 안정을 제공받지 못하던 어린 시절, 생존의 어려움에 대한 적응 수단으로서 발달된 것들이다.

관계가 불안정하면 인간은 불안을 해소하기 위해 끊임없이 그것을 생각하고 머릿속에서 되뇐다. 그리고 억압을 통해 불안을 피해가려 한다. 스스로를 감정으로부터 절연시키려 드는 것이다.

불안 모드를 인식하기 위해서는 그것을 안정 모드와 비교해보는 것이 도움이 된다. 다음의 표현이 자신에게 해당하는지 보라.

- "나는 사람들과 가까워지는 것이 편해요."
- "가까운 사람들이 나를 떠나더라도 불안하지 않아요."
- "나는 인간관계에서 안정감을 느껴요."

이런 진술이 자신에게 해당된다면 당신은 안정 모드에 쉽게 들어갈 수 있는 사람이다. 사람과의 관계에서 만족스러운 편안함을 쉽게 느끼는 사람이다.

문제는, 안정적이지 못하던 아동기에 불안 모드로 생존에 도움을 받았던 사람이 어른이 된 이후에도 그것을 계속 유지할 경우다.

회피 모드

샌프란시스코에서 보스턴으로 향하는 긴 비행이 끝나갈 무렵, 한 노인 승객이 심장발작을 일으켰다. 그는 창백한 낯빛으로 좌석에 몸을 의지했다. 승무원이 급하게 외쳤다.

"비상 상황이 발생했습니다. 승객 중에 의사가 계시면 신속히 도와주십시오."

의사 두 사람이 달려와 신음하는 노인에게 처치를 해주었다. 옆 좌석에는 노인의 딸이 울면서 앉아 있었다. 다행히도 의사들은 노인을 살려냈다. 노인은 산소마스크를 쓰고 무사히 목적지까지 비행을 마칠 수 있었다. 비행기가 착륙한 뒤 앰뷸런스가 도착했을 때 그는 완전히 회복된 상태였다. 공중에서 구조 처치가 이루어지던 중 다른 승객들은 꼼짝 않고 이 생사의 드라마를 몇 미터 거리에서 지켜보고 있었다. 거의 모든 승객이 그랬다.

그런데 몇몇 승객은 달랐다. 아예 쳐다보지도 않은 채 마치 아무 일도 없다는 듯이 계속해서 영화를 보거나 책을 읽었다. 불편한 상황에 휘말리기보다 관심을 다른 곳으로 돌리는 것이 회피 모드의 전형이다. 이러한 태도에 쉽게 끌리는 사람은 자신의 불안을 억압하기 위해 불편한 상황과 맞서는 것을 회피하는 법을 학습한 사람들이다. 그런 사람들은 다음과 같은 진술에 대체로 동의하는 사람들이다.

- "나는 다른 사람과 가까워지는 것이 불편해요. 사람들을 완전히 믿지 못하고 내가 그들에게 의존하는 것도 어려워요."

- "누군가가 내게 너무 가까이 다가오면 신경이 예민해져요."
- "파트너가 나를 진심으로 사랑하지 않거나 나와 함께 있지 않을 거라는 걱정이 자주 들어요."

회피 모드에서 사람들은 불편한 감정을 떨쳐낼 수만 있다면 무엇이든 동원하여 그 불편함을 비켜가려 한다. 다른 곳으로 주의를 돌리거나 부정하거나 억압하거나, 아니면 무감각해지려 애쓴다. 여기에는 실제로 도망가는 것도 포함된다. 곤란해진 관계나 위협적인 관계를 떠나버리는 것이다. 그 위협이 단지 머릿속으로 상상한 것이라 해도 말이다. 이러한 행동은 힘든 진실을 정면으로 바라보지 못하는 감정 상태를 의미한다.

이 모드의 극단적 형태는 자신의 감정으로부터 완전히 멀어지는 것이다. 자신의 감정과 거리를 두면, 삶은 공허하고 지겹게 느껴지며 매번 냉소적인 자세로 물러나거나 모호한 공간으로 숨어들고 만다. 그곳에서 자신을 쓰다듬어주거나 자극하는 다른 것들을 강박적으로 추구하게 된다. 밀폐된 공간에서 자극적인 영상에 빠지거나 도박에 몰입하는 것이 대표적인 예라고 할 수 있다.

회피 모드에 쉽게 빠지는 사람은 다른 사람에게 비교적 안정적으로 보일 수도 있으나, 이는 그들이 자신의 두려움을 드러내지 않기 때문에 그렇게 보일 따름이다.

회피 모드는 자신의 감정과 관계 맺는 데 계속적으로 실패하는데, 이 모드에 자주 빠지게 되면 자기 감정과의 접촉을 상실하게 되며 감정을 들여다보는 일이 힘들어진다.

이 모드의 사람은 쉽게 물러나고 멀어지며 냉담하다. 또 다른 사람과 피상적으로만 소통한다. 가장 가까운 관계에서도 그들은 자신을 마치 사랑받기를 포기한 사람처럼 여긴다.

심지어 눈앞에서 현재 받고 있는 따뜻한 대우조차도 이내 사라질 거라고 무의식적으로 예상한다. 회피하는 태도를 잘 표현한 어느 만화의 한 장면이다. 남자와 여자가 식사 테이블에서 대화를 나누던 중 여자가 이렇게 말한다.

"당신을 사랑해요."

그러자 남자가 대답한다.

"나를 위협하지 말아요."

회피 모드는 이렇게 타인의 긍정적인 신호조차 알아보지 못한다. 파트너의 사랑스런 제스처조차 놓치거나 퇴짜를 놓을 수 있다. 그리고 이런 따뜻한 단서들이 너무 가볍게 등록이 되어 나중에 이 긍정적인 것들을 기억하는 데 어려움을 느낄 수도 있다. 회피 모드의 비극이 여기에 있다. 그토록 열망하던 사랑이 거기에 있지만, 자신은 스스로에게 그것을 받아들이도록 허용하지 않는다는 점이다.

자신이 다른 사람의 감정적 지지를 받을 만한 존재가 아니라는 가정假定은 스스로 일어서야 한다는 과잉 분투로 이어지기도 한다. 다시 말해 아무도 필요로 하지 않으며, 누군가가 도움의 손길을 내밀 때조차 그것을 거절한다. 관계에 어떤 해를 입히더라도 관계에 대한 필요를 억압하거나 몰살시키려 한다. 가장 필요할 때에 사랑하는 사람에게 도움의 손길을 뻗지 못하기 때문에 그런 종류의 도움이 필요 없는 것이라 느끼며 그들을 떠난다.

자신의 회피 모드를, 감정적으로 거리를 두면서 항상 바빴던 어머니와의 관계로 추적해간 내담자가 있었다. 어렸을 때 그는 어머니가 자신과 시간을 보내는 것보다 더 중요한 일이 있다고 자주 느꼈다. 오랜 시간이 흐른 후, 그는 자신이 무의식적인 적응을 했다는 사실을 깨달았다. 무의식적인 적응이란 어머니와 온전한 모자母子 관계를 절대 유지하지 않으려는 것이었다. 그의 이러한 감정적 태도는 사랑하는 사람과의 관계에까지 전이되었다. 그와 가까운 사람들은 그가 오래 전 자신의 어머니에게 그랬던 것처럼, 감정적으로 거리를 둔다며 불평했다. 그는 이렇게 말했다.

"내가 사랑하는 사람과의 유대관계를 즐기도록 나에게 허락하지 못하겠어요. 친밀함을 훼방 놓거나 내면에서 상대와 멀어지기 위해 뭔가를 하죠."

그의 회피로 거절당한 상대방이 상처를 받거나 분노하면 그는 당혹스러워했다. 왜 상대방이 그렇게 반응하는지 도무지 영문을 몰랐다. 또 그들에게 입힌 상처를 복구하기 위해 무슨 말과 행동을 해야 하는지도 알지 못했다. 그리고 자신의 자동 반응을 더 좋은 방향으로 변화시키려면 어떻게 해야 하는지도 몰랐다.

회피 모드는 겉으로는 독립적이고 침착해 보이지만, 삶의 어려움에 대처하는 능력을 방해하는 감정 상태다. 애석하게도 인간관계에서 감정을 다스리려는 회피 모드의 전략이 오히려 인간관계의 단절로 이어지는 경우가 흔히 있다. 부정적인 것을 회피하기 위해 마음의 문을 닫아버릴 때 긍정적인 것도 함께 닫히는 것이다. 현재 자기 안에서 '제대로 작동하고 있는 것'까지 더불어 멈춰버리는 것이다.

불안 모드

"엄마, 뭔가 안 좋은 일이 일어났어요. 전화 주세요."

어느 여성 비즈니스 중역이 거래처와 미팅을 하는 동안 이 불길한 문자 메시지가 그녀의 휴대폰에 도착했다. 문자 메시지는 그녀의 스무 살 난 딸에게서 온 것이었다. 딸은 몇 년 전 신장 이식 수술 이후, 적응에 어려움을 겪고 있었다.

중역은 심장이 뛰기 시작했다. 양해를 구하고 화장실로 달려가 딸에게 전화를 시도했지만 연락이 닿지 않았다. 그녀는 울음을 터뜨리고 말았다. 몸이 심하게 떨리기 시작했다. 몇 분 후 겨우 안정을 되찾은 그녀는 회의실로 돌아왔다. 나중에 그녀는 이렇게 말했다.

"나는 아무것에도 집중할 수 없었어요. 거의 뇌사 상태였죠."

저녁때가 되어서야 남편으로부터 연락이 왔다. 남편은 딸이 대학 교무과장과 약간 문제가 있었으며 딸에게 필요한 정보를 주었다고 말했다. 이제는 아무 문제도 없었다.

물론 이런 상황이라면 누구라도 불안할 것이다. 그녀는 딸에게서 온 문자 메시지 때문에 그 후로도 며칠 동안이나 강박적으로 걱정했다고 말했다. 또 자신이 삶의 중요한 위기뿐만 아니라 사소한 일들에도 쉽게 조바심치는 것을 알게 되었다고도 했다. 그녀는 모든 일에 대해 그렇게 지나치게 걱정하고 있었다. 특히 그녀의 주변 사람에 관한 것이라면 더욱 그랬다. 그녀가 말했다.

"이렇게 계속 지낼 수는 없을 것 같아요."

이런 끝없는 조바심은 불안 모드의 대표적인 현상이다. 불안 모드의 감정 세계를 나타내는 태도 몇 가지를 소개하면 이렇다.

- "파트너와 가까워지고 싶지만 불안이 이런 생각을 쫓아버려요."
- "버려질까봐 걱정돼요."
- "파트너가 멀리 있는 것이 싫어요. 항상 나를 위해 곁에 있어주지 않으면 실망해요."

불안 모드의 공통적인 뿌리 하나는 어릴 적 자신을 돌봐주어야 할 사람이 알코올 중독이나 일 중독, 불안정한 성격 등으로 아이에게 제대로 관심을 써주지 못한 데에 있다.

이에 대응해 어떤 아이는 자신이 원하는 관심을 얻기 위해서는 '반항해야' 한다는 것을 배운다. 아이는 울거나 자주 화를 내거나 집착함으로써 관심을 달라고 조른다. 이것은 아이가 필요로 하는 관심을 끌어오는 데 성공하지만, 어떤 때는 그렇지 못하다. 관심을 받지 못하면 아이는 자신의 필요를 과장하는 버릇이 생기기 시작한다. 거짓으로라도 사태를 꾸며서 어떻게든 관심을 사려 드는 것이다.

불안은 인간의 감정 레퍼토리에서 나름의 위치를 차지하고 있다.

일정의 불안은 삶의 도전에 맞설 수 있게 하는 기폭제가 된다. 그러나 불안은 점점 커지지만 건설적인 행동으로는 이어지지 않을 경우, 불안은 광범위한 모드의 단계에 이르게 된다. 그 시점부터 당사자는 거의 매순간 불안 속에서 마음을 졸인다. 불안 모드에 사로잡힌 사람은 압도당하는 느낌, 곤궁한 느낌, 쉽게 부서지는 느낌, 감정적으로 어찌할 줄 모르는 느낌, 그리고 깊은 자기 불신에 빠질 수 있다.

불안 모드에 있는 사람은 필요 이상의 위험을 느끼고, 의심과 두려움에 대해 끊임없이 이야기하며, 삶에서 중요한 사람이 필요할 때 자신을 돌봐줄 것인가에 대해 계속해서 의심하고 조바심친다. 이러한 불안의 곱씹기는 집착과 의존, 갈증으로 이어진다. 관계가 불안하다 싶으면 관계에 더 필사적으로 매달리게 된다. 이미 유효기간이 지난 관계에 계속 머물려 하는 것도 불안의 곱씹기에 해당한다.

걱정, 부정적인 감정, 지나친 몰두는 불안 모드의 필연적인 양상들이다. 마크 트웨인은 문제를 과장하는 이러한 성향에 대해 이렇게 이야기했다.

"나는 늙은이이고 수많은 문제에 대해 알고 있다오. 그렇지만 그것들 중 대부분은 결코 일어나지 않았소."

불안 모드는 도움을 구하는 자신의 계속적인 요청을 합리화시키기 위해 끊임없이 문제를 무의식적으로 조장한다. 실제로 문제가 해결되는 것은 개의치 않는다. 불안 모드의 당사자가 진심으로 원하는 것은 누군가가 자신에게 감정적으로 도움을 주기 위해 다가오는 것일 뿐이다.

5

포식자와 희생자

잡아먹을 것인가 잡아먹힐 것인가? 이것은 모든 동물이 내려야 하는 단 하나의 가장 중요한 결정 사항이다. 인간도 예외가 아니다. 인간의 뇌가 형성되어 온 지난 수백만 년 동안, 우리는 잡아먹는 포식자인 동시에 잡아먹히는 먹잇감이 되어왔다.

포식자와 먹잇감 사이의 진화적 군비경쟁은 감정 모드의 레퍼토리 가운데 가장 중요한 사안이 되도록 만들었다.

"우리가 자신을 알기 위해서는 먼저 동물적 본성을 알아야 한다." 고 정신분석가 이언 맥컬럼Ian McCollum이 말했다.

"인간이 지금 벌이고 있는 게임은 다른 동물과 동일하다. 이 게임을 생존이라고 부른다. 포식자의 본성은 인간의 역사와 피 속에 존재하고 있다."

오늘날 인간의 포식자 및 희생자 모드는 과거 수렵채집 시대와 달리 훨씬 치밀하고 정교해졌다.

포식자 모드는 남을 통제하려는 태도나 공감이 부족한 태도로 나타난다. 심지어 남을 착취하려는 모습으로도 나타난다. 포식자 모드는 사람 사이에든 국가 사이에든 모든 파트너 관계에서 나타나는 파괴적인 성질이다.

포식자 모드에서 사람들은 숨겨진 의도와 자기만의 취향, 욕망을 가지고 서로에게 다가간다. 그러면서 정작 상대방에게 무슨 일이 일어나고 있는지는 알려고 하지 않는다. 이런 포식자 모드는 자주 상대방의 필요를 알아보지 못하는 감정의 사각지대를 만든다.

오늘날 쉽게 포식자 모드를 발견할 수 있는 곳은 비즈니스 현장이다. 어떤 세일즈맨은 고객이 가게에 들어오자마자 순식간에 덤벼들어 물건을 사도록 압박한다. 사려 깊지 못한 사람들은 그것이 세일즈의 열정이라고 잘못 해석한다. 그러나 이것은 오히려 고객의 마음에 빗장을 걸게 만들어 고객이 다음에 그 가게를 다시 찾을 가능성을 떨어뜨린다. 세일즈 왕들에 대한 연구를 보면, 그들은 공감으로 시작한다는 것을 알 수 있다. 공감은 포식자 모드에는 없는 요소다. 세일즈 왕들은 우선 고객이 무엇을 원하는지 이해하려고 노력한다. 그런 다음 고객을 위해 행동한다. 그들은 잘못된 물건이라면 고객이 사지 않도록 권고한다. 설령 그것이 자신들의 판매고를 줄이는 일이 될지라도 말이다. 이렇게 함으로써 그들은 오히려 신뢰와 충성을 얻게 되고 더 오래 비즈니스를 할 수 있게 된다.

포식자 모드에 있을 때 사람은 공격적이고 자기 이익만 생각하며 상황을 제압하려고 한다. 포식자 모드에 있는 리더는 자신이 원하는 것에 대해 분명하며, 목표를 향해 나아가는 데 자신감이 넘친다. 그들은 카리스마가 있어 보인다. 그러나 공감이 없는 이기적 리더십은 머지않아 구성원들의 외면을 받을지도 모른다.

오만은 포식자 모드의 전형적인 태도다. 오만한 이들은 속으로는 자신의 결점을 느끼면서도 겉으로는 우월하다는 이미지를 발산하기 위해 애쓴다. 자기세계에 함몰되어 있는 이런 사람들은 대개 주변 사람들의 필요에 둔감하거나 일부러 눈을 감는다.

한편 희생자 모드는 수동적 인간들이다. 그들은 자신이 무력한 존재인 것처럼 다른 사람들이 원하는 것만 한다. 희생자 모드는 포식자 모드에 순종하는 것을 의미한다. 희생자 모드는 관계를 유지하기 위해서, 혹은 자신의 필요를 억누른 자기희생의 습관에서 비롯된다. 희생자 모드의 사람들이 맺는 관계라는 것은, 상대방에게 자신을 통제하거나 아무렇게나 대하도록 해준 대가로 얻어진 것이다.

그러나 희생자 모드에 있는 사람이 비슷한 희생자 모드의 사람과 관계를 맺을 때는 장점이 나타나기도 한다. 그들은 간혹 조화롭게 협조하고 협력하는데, 이것은 모드의 순기능이 인간적으로 표현된 것이라 할 수 있다.

진화심리학자들은 인간 본성의 상당 부분을 인류 초기부터 뇌에 각인되었던 모드로 간주한다. 그들이 보기에 오늘날 인간의 감정에는 인류의 오래된 습관적 패턴이 스며들어 있다.

인류 초기 시대에도 이 기본적 모드들은 도망가거나 먹을 것을 수렵하거나 채집해야 하는 환경적 도전에 맞서기 위한 것만은 아니었다. 그것은 조화를 이끌어내는 것, 사랑에 빠지는 것, 아이를 양육하는 것, 사랑하는 사람과 자신을 보호하는 것 등 적극적인 필요를 위한 것이기도 했다. 그처럼 당시에 성공적이었던 작동 모드들이 삶을 영위하는 주요한 자동적 프로그램으로서 오늘날에도 우리 안에 살아 있는 것이다.

다만 초기 인류의 시대에는 필수적이었던 모드들이 오늘날의 삶에는 부적절하고 부적응적일 때가 문제다. 우리는 지금 그것을 해결하고자 한다.

진정한 공생

동물은 기꺼이 협력하려 한다. 동물에게 강제적인 통제를 가하면 그들은 상대를 포식자로 인식하고 그에 맞추어 반응한다. 저항하거나 도망을 치는 것이다. 인간은 동물을 인간처럼 포식자라고 인식하는 경향이 있다. 그래서 동물이 규칙을 따르지 않으면 통제를 가하거나 벌을 주어야 한다고 생각한다. 그러나 동물이 어떤 방식으로 인식하는지 이해하면 강제하지 않고도 기꺼이 따르도록 이끌 수 있다.

"말의 의지에 반해서 통제하는 것은 포식자와 같은 행동입니다." 밥이 말했다.

"말이 당신을 신뢰하게 되면 당신을 리더로 받아들일 것입니다. 동물은 자신이 믿을 수 있는 리더가 생겼다는 걸 알면 마음을 놓습니다."

우리는 동물에게 강제할 필요가 없다. 그것은 포식자가 되는 것도, 동물을 통제하는 것도 아니다. 그것은 동물과 함께 배우면서 동물이 나를 리더로서 신뢰하도록 만드는 일이다.

밥이 조언하듯이, '우리는 언제 물러나야 할지 알 필요가 있다. 그것이 곧 매끄럽게 관계를 맺는 방법이다.'

"천천히 움직이세요, 동물처럼."

밥은 그렇게 조언했다.

"포식자는 빨리 움직이죠. 동물이 두려워하는 것은 포식자가 아니라 포식자 같은 행동입니다."

말도 다른 동물들처럼 포식자를 경계하며 재빨리 달아나는 법을 터득해 생존해왔다. 말은 관계에 대한 감각을 지니고 살아간다. 말은 서로에게 의지하고 주파수를 맞춘다. 그렇게 무리의 역동 속에서 함께한다. 말은 무리지어 풀을 뜯을 때 각자 다른 말이 보지 못하는 사각을 볼 수 있는 위치에 자리를 잡는다. 그렇게 해서 무리는 둥그런 경계 조를 형성한다.

말이 보기에 자신의 이익을 우선하는 인간은 전형적인 포식자다.

무리지어 사는 동물은 사회적 서열을 갖는다. 어떤 동물은 통제하고 다른 동물은 그 통제에 복종한다. 그런데 이 사회적 서열이 인간 세계에 오면, 어린 아이를 보호하는 어머니처럼 순전히 악의가 없는 것일 수도 있고, 전체 국민을 자기 마음대로 통제하려는 비열한 독재자처럼 악의가 있는 경우도 발생한다. 밥이 말했다.

"동물들 사이에서는 자연스럽게 서열이 생기죠. 이것은 그들이 장소를 차지하는 방식을 브면 알 수 있어요. 주도권을 쥔 말은 다른 말이 뜯고 있는 풀을 뜯기를 원하거나, 아니면 다른 말이 다른 초지로 옮겨가기를 원하죠."

"그건 포식자의 태도 아닌가요?" 내가 대꾸했다.

"포식자는 먹잇감에 몰래 접근합니다. 미리 치밀하게 공격 계획을 세웁니다. 하지만 말은 그러지 않아요. 말에게 이것은 무리 내의 위계질서를 분명하게 하려는 것일 뿐입니다. 무리 전체의 안전을 책임지는 리더를 위한 것이기도 하죠. 이른바 무리 내의 파트너십이라고 할 수 있어요."

밥은 말을 이었다.

"반면 포식자의 지배에서는 완전한 통제만 있어요. 포식자는 자기가 원하는 것에 기초해서 공격 계획을 짭니다."

"동물에게 도망갈 스 있는 기회를 빼앗고 퇴로를 차단하면 그들은 맞서 싸웁니다. 스스로를 보호해야 할 필요가 분명해지기 때문이죠."

동물세계에서 희생자와 포식자 사이의 이러한 대비는 인간관계에서 통제와 수동성이라는 문제에 새로운 통찰을 던진다. 만약 포식자-희생자 모형이 그룹 간 관계의 유일한 모형이라면 그 결과는 진화의 군비경쟁일 것이다. 군비경쟁에서는 한 그룹이 다른 그룹을 지속적으로 이겨야만 한다. 가젤이 빨리 달리면 치타는 더 빨리 달려야 하는 것이다.

여기서 우리는 이런 질문을 떠올릴 수 있다.

'적자생존의 모드를 넘어, 서로 협조와 관용, 존중이 가능한 모드로 옮겨가야 할 때는 언제인가?'

떠올릴 수 있는 가장 수월한 대안은 평화적 공동 진화다. 공동 진화는 두 종이 상대방의 발달과 생존에 긍정적인 영향을 미치는 관계다. 예컨대 꽃이 아름다움을 뽐낼 수 있는 것은 꽃가루를 옮기는 곤충이 있기 때문이다. 마다가스카르에서 발견되는 여러 종류의 난초(풍란)는 꽃의 꿀에 이어지는 50센티미터나 되는 좁고 기다란 관이 있다. 찰스 다윈이 이 난초를 처음 발견했을 때 그는 난초에 꽃가루를 묻히기 위해 그 정도 길이의 혀를 가진, 날아다니는 곤충이 있을 거라고 생각했다. 다윈 사후 수십 년이 지난 후, 이 난초에 꽃가루를 묻히는 나방이 마다가스카르에서 발견되었다. 그 나방의 혀는 50센티미터 가까이 되었다.

의사소통의 진화

남편과 나는 함께 워크숍을 준비하고 있었다. 어느 날 남편은 내 사무실 문을 열고 들어오더니 열정적으로 알렸다.

"여기 우리가 해야 할 일이 있소."

남편은 자기만의 의도를 가지고 그렇게 말했다. 남편의 흥분한 모습을 보며 나는 조용히 응답했다.

"나도 나름대로 생각을 하고 있는 중이에요. 나는 아직 준비가 안 됐어요."

나는 통제하려는 남편의 분위기를 느꼈다. 나는 반항심이 일어날 수도 있었다. 하지만 좀더 생각하며 쉬는 시간을 갖기로 했다.

시간을 갖고 생각하자, 나는 이것이 우리 두 사람 사이에 일어나는 반복적인 패턴이라는 사실을 깨달았다. 남편은 늘 상황을 통제하려 했고, 나는 항상 순종적이거나 반항적이었다. 나는 어느새 이 패턴에 익숙해 있었다.

어떤 발상에 관하여 흥분하면 우리 두 사람은 모두 열정적인 어린 아이처럼 된다는 것을 나는 알고 있다. 하지만 한 아이가 다른 아이에게 "너는 내 방식대로 게임을 해야 해."라고 말하는 것과, 두 아이가 함께 규칙을 만들어가는 것 사이에는 큰 차이가 있다.

나에게는 선택권이 있다. 그 선택이란, 감정의 모드를 촉발하는 자극에 자동적으로 반응하든지, 아니면 동일한 모드를 전개하지 않을 선택권이다.

워크숍을 준비하기 위해 서두는 남편에게 나는 이렇게 말했다.

"결정을 협조적으로 내릴 때 일이 더 잘 되는 것 같아요."

그리고는 우리 두 사람 사이에서 되풀이되는 모드 촉발의 소용돌이에 대해 내 생각들을 말했다. 분노가 아닌 탐구하는 정신으로 이 모든 것을 남편에게 이야기했다.

남편은 흥미를 보이는 것 같았다. 그 역시 우리 사이에 계속되는, 당황스런 미스터리에 대해 흥미를 느꼈다. 그리고 우리는 모드에 의해 주도되는 반응에 빠져 있기보다, 함께 이 '되풀이'를 열정적으로 탐험해보려 시도했다.

이것이 우리가 종종 알아차리지 못하는 패턴 가운데 하나다. 일상적으로 일어나는 이런 부정적인 패턴을 그때그때 알아차릴 수만 있다면, 의사소통의 질을 크게 개선할 수 있을 것이다.

모드의 업그레이드

인간적인 원칙을 따르기보다 목적이 수단을 정당화하도록 한 결과, 인간의 역사에는 긴 잔혹사가 씌어졌다. 그들은 그것이 관계에 어떤 해를 입히는지 상관하지 않았다.

포식자-희생자 모드의 인간 버전은 '나-그것' 관계로서, 거기에서는 상대방을 사람이 아닌 물건으로 간주한다. 사람에 대한 이러한 '사물화'야말로 잔혹함을 낳은 뿌리였다. 고문 기술자를 훈련시키는 데도, 집단 사이의 증오심을 확산시키는 데도 이것이 사용되었다. 그 첫 단계는 언제나 상대방을 사람이 아닌 '그것'으로 인식하는 일이었다.

반대로 나-너 관계에서 우리는 상대방에게 온전히 주파수를 맞추고 자신의 행동과 말이 상대방에게 어떻게 느껴지는지 배려한다. 나-너 관계는 '공감' 위에 성립한다.

"공감은 포식자 행동과 정반대입니다." 밥이 말했다.

"원칙, 자연법칙, 윤리에 충실하다면 공감하겠다는 당신의 의도를 희생시키지 않아도 됩니다. 동물은 종종 인간들의 행동에 당황스러워 하죠. 동물은 언제나 인간의 의도를 읽으려고 합니다."

나는 여섯 살 때 맨해튼에 있는 센트럴파크 근처의 아파트에 살았다. 센트럴파크는 나의 놀이터였다. 어느 날 엄마, 남동생과 함께 공원에서 하루를 보낸 뒤 집으로 돌아가기 위해 엘리베이터를 탔는데 엘리베이터에 이웃과 그의 개, 그리고 귀여운 새끼 다람쥐가 함께 탔다. 개는 사나운 저먼셰퍼드 종으로 송곳니를 드러낸 채 으르렁거리며 간혹 사람을 무는 것으로 좋지 않은 소문이 돌고 있었다. 모든 이웃이 그 개를 멀리했다. 우리가 그 사나운 개와 작은 다람쥐와 같은 엘리베이터를 탄 것이다.

이웃은 셰퍼드와 산책을 하기 위해 공원에 갔는데 갑자기 개가 한 나무로 뛰어가더니 나무 아래에서 코를 킁킁거리고는 무언가를 찾았다고 했다. 개는 자신의 포식자 본성과는 달리 더 없이 부드럽게 혼자 있는 새끼 다람쥐를 부드럽게 입에 물어 이웃에게 가져왔다는 것이다. 이웃은 엄마에게 새끼 다람쥐를 키워보지 않겠냐고 물었다. 우리는 그 자리에서 그러겠다고 했다.

동생과 나는 매일 다람쥐와 몇 시간씩 놀았다. 동생이 쓰던 나무로 된 작은 장난감 집을 다람쥐에게 주어 그 안에 살도록 했다. 금세 가족의 일원이 된 다람쥐는 자신이 한때 야생의 다람쥐였다는 사실을 잊은 듯했다. 다람쥐는 재롱을 떠는가 하면 낮잠 잘 시간이 되면 우리 무릎 위에서 몸을 웅크리고 잠을 잤다. 나는 다람쥐에게 페리라는 이름을 붙여주었다.

어느 날 페리는 부엌에서 호두를 발견하고는 채집 본능이 발동하는 듯했다. 페리는 호두 몇 개를 내가 앉아 있는 의자로 가져와서는 내 손가락을 위로 들어 올리고 그 안의 저장 공간에 호두를 하나씩 밀어넣었다.

페리의 인간 동료인 나는 이밖에도 페리와 함께한 가슴 따뜻한 이야기를 수도 없이 들려줄 수 있다. 그런데 그때를 돌이켜볼 때면 '사나운' 저먼셰퍼드가 어떻게 연민의 마음을 열어 연약한 새끼 다람쥐를 보호할 수 있었는지 놀라곤 한다. 또 페리가 우리와 함께 어떻게 그토록 안전하다고 느낄 수 있었는지에 대해서도 감동을 받고는 한다. 나는 이것을 모드가 변화할 수 있다는 것을 보여주는 희망적인 증거라고 생각한다. 포식자도 친절할 수 있고, 희생자도 신뢰하는 법을 배울 수 있는 증거 말이다.

6

핵심 신념과 감정의 방아쇠

클라라는 멀리 사는 친구 이사벨라가 근처에 왔을 때 만나지 못한 것을 후회하고 있었다. 클라라는 그 이유를 알고 있었다. 그녀는 의무감에 얽매여 친구와 즐길 수 있는 기회를 놓친 것이다.

비즈니스 용무로 모처럼 시내에 나가는 김에 이사벨라는 클라라에게 전화를 걸어 함께 점심을 하자고 말했다. 장소는 이사벨라의 비즈니스 미팅이 예정되어 있는 호텔이었다. 호텔에서 한 시간 떨어진 클라라의 집으로 찾아갈 시간은 없었기 때문이다.

클라라는 이사벨라에게 연락을 받고 더 없이 기뻤다. 또 함께 점심을 먹자는 제안도 반가웠다. 그렇지만 결국 클라라는 이사벨라의 제안을 거절하고 말았다.

클라라는 습관적으로 사는 사람이 되어 있었다. 그녀의 삶은, 세

아이와 항상 바쁜 CEO 남편을 돌보는 것을 중심으로 돌아가고 있었다. 그리고 다른 이유도 있었다. 클라라는 간섭이 심한 아버지와 편찮으신 어머니의 장녀였다. 클라라는 자신의 필요가 자신이 사랑하는 사람의 필요와 충돌할 때면 자신의 요구를 포기하는 법을 일찍부터 배웠다.

클라라는 전형적인 완벽주의자였다. 그것이 초기 삶에서는 그녀를 뛰어난 학생과 실적을 많이 올리는 중역으로 만들어주었다. 하지만 결혼을 하고 가족의 요구가 커지자 그녀는 예의 완벽주의 기질로 가족을 돌보는 데 몰두했다. 남편이 말끔한 집안 정리를 바라는 것도 이런 그녀의 성향을 더욱 부추기는 원인이 되었다. 클라라는 언제부터인가 오히려 이런 상황이 마음 편하게 느껴졌다. 마치 어릴 때 그녀가 자랐던 환경과 비슷했다.

그러나 클라라가 집에서 하던 일을 벗어나 집 밖에서 뭔가를 할 수 있는 기회가 왔을 때 그녀 안의 목소리는 그것을 거절하고 말았다. 자발적으로 재미를 찾지 못하는 것이 그녀가 느끼는 절망감의 핵심이었다. 그녀는 개인적인 즐거움을 추구하면 안 될 것처럼 느꼈다.

클라라는 인지치료학자 제프리 영Jeffrey Young이 '요구가 많은 부모'라고 불렀던 희생자 모드의 극단적 유형이다. 제프리 영은 나의 멘토이자 스키마 치료를 만든 사람이다. 스키마 치료는 모드에 기초한 선구적인 심리치료 방법이다. '요구가 많은 부모'라는 명칭 자체가 어릴 적 엄격한 규칙과 높은 품행 기준이 생겨났다는 사실을 가리키고 있다. 그 결과로 심지어 자신의 기쁨과 건강을 해치면서까지 의무감을 느끼고 충동적이며 완벽주의를 추구하는 모드가 자리 잡게 된다.

유해 모드는 부정적 스펙트럼의 극단에 있는 것으로, 자기 파괴적인 감정의 덫에 걸리게 만든다. 의무감에 사로잡힌 완벽주의 모드에 빠져 있는 한, 우리는 강박적으로 자신을 비난하고 자신에 대해 지나치게 비판적이 된다. 그리고 솔직한 감정을 드러내는 것을 주저한다. 완벽주의라는 클라라의 부정적 모드는 자신의 오랜 친구 이사벨라를 만날 수 있는 기회를 스스로 놓치게 만들었다.

부정적 모드는 눈에 잘 드러나지 않는 숨은 힘을 키운다. 의무감에 사로잡힌 모드에서 보면 이것은 탁월함에 대한 강렬한 추구처럼 느껴진다. 집을 말끔히 정리하고 엄청난 효율성으로 시간을 헛되이 낭비하지 않는 것 말이다. 이런 완벽주의 충동이 삶을 지배하면, 자신의 일에서 뛰어난 성과를 이룰 수 있을지 모른다. 기쁨을 억누르면서 지칠 때까지 자신을 몰아붙이면 어떤 일에서든 웬만한 성과는 거둘 수 있기 때문이다.

그러나 클라라처럼 부정적 모드에 계속 걸려 있다면 그것은 독성을 띠게 된다. 유해 모드에서 우리는 시인 데이비드 화이트David Whyte가 말하는 '곤경에 빠진 자신'을 발견하게 된다. "자신이 무엇을 하고 있는지도 깨닫지 못한 채, 자신에게 계속해서 낡고 소용없어진 이야기를 반복해서 들려주는" 것이다.

극단적 모드

이러한 부적응적 존재 방식들은 대개 어린 시절에 습득했던 반응 패턴에서 비롯된다. 문제는 부적응 모드가 그 목적을 다한 후 사라지는 것이 이상적인데, 어른이 되어서까지 강력한 습관으로 남아 있다는 데 있다. 한때는 안전한 피난처였던 곳이, 이제는 감정의 감옥이 되는 것이다.

건강한 감정 상태에 있을 때 마음의 모드는 통합되어 있다. 그럴 때 우리는 하나의 모드에서 다른 모드로 부드럽게 옮겨갈 수 있다. 그러나 부정적 모드에서는 자아의 지속성이 분리된 채로 있으며, 그 모드 안에 있는 동안은 마치 다른 사람이 된 것처럼 느껴진다.

접근 혹은 회피라는 기본적 모형은 '싸움-도망-얼어붙음'의 형태를 띨 수 있다. 마음속에서 이것들은 서로 분명히 구별되는 모드로 나타난다.

예를 들어, '순응적 복종'의 상태로 얼어버릴 수 있다. 그때 우리는 상대에게 압도당하는 것처럼 느낀다. 이 모드에 있는 사람은 희생자처럼 매번 지나치게 협조적인 자세를 극단적으로 취한다. 그들은 복종하며 다른 사람이 상황을 통제하기를 바라는 것처럼 행동한다. 관계를 유지하는 대가로 감정적인 거래를 하는 것이다.

싸움 반응은 과잉 보상, 괴롭힘, 자신이 특별하다는 이미지를 투사함으로써, 자신을 아프게 하고 무섭게 하는 것에 대항하여 싸우는 형태를 취한다. 속으로는 자신에게 결함이 있다고 느끼면서도 말이다. 이 자기애적이며 통제적인 존재 방식은 희생자 모드와 들어맞는다.

싸움 반응이 나타나는 또 다른 모습은 '화난 아이'다. 이 모드에서 사람들은 자신의 적의를 날 것 그대로, 제어 받지 않은 상태로 드러낸다. 마치 화가 난 어린 아이처럼 말이다. 이것은 혐오 모드의 극단적 형태다.

클라라의 남편 팀은 부분적으로 포식자 모드를 띠고 있었다. 팀은 기대에 미치지 못하는 직장 부하를 심하게 질책했다. 그리고 가정에서는 아내인 클라라에게 매우 비판적이었다. 그의 태도는 의무감에 얽매인 클라라의 모드를 더 강화시킬 뿐이었다. 클라라는 맞서 싸우는 대신 얼어버린 채로 더 잘 하겠다고 마음먹었다.

자기애적인 포식자 모드에 있는 사람들은 다른 사람을 비난하면서도 자신에게는 잘못이 없다고 생각한다. 예컨대 팀은 자신이 성질을 부리면 직원들에게 감정적 고통을 안긴다는 사실을 깨닫지 못했다. 마치 클라라의 다음고생을 무시한 것처럼 말이다. 그리고 그것이 높은 이직률과 관련이 있다는 사실도 알지 못했다. 비즈니스와 정치 영역에서 이런 사람들은 종종 추종자(예스맨)를 얻어 높은 리더의 자리에 오르기도 한다. 팀도 CEO였다.

핵심 신념

클라라가 조금씩 자신의 감정 패턴에 대해 깨닫기 시작했을 때, 그녀는 자기 감정의 모드를 살펴보기 시작했다. 언제 그러한 모드가 시작되는지, 무엇이 그것을 촉발하는지 유심히 관찰했다.

어느 날 클라라가 팀에게 친구와 함께 마사지를 받고 쉬기 위해 근처 온천에 가려 한다고 말했다. 팀은 아내의 말이 내키지 않는 듯, "마무리해야 할 일이 산더미처럼 쌓인 휴가 직전에 꼭 그렇게 늘어져야 하느냐?"며 클라라를 질책했다. 그가 이 말을 할 때 클라라는 남편의 입술이 혐오감으로 오므라드는 것을 얼핏 보았다.

클라라는 상담사에게 이렇게 말했다.

"남편의 얼굴을 봤을 때 갑자기 두려움과 혐오가 느껴졌어요. 나는 그 표정을 알고 있었어요. 그건 우리 아버지가 나를 나무랄 때 짓던 표정이었어요."

남편과 마찬가지로 클라라의 아버지도 그녀가 성장할 때 사사건건 클라라를 나무랐다고 한다. 아버지는 한 번도 클라라를 칭찬한 적이 없으며, 클라라가 조금이라도 잘못한 일이 있으면 경멸과 비꼬는 태도로 그것을 물고 늘어졌다는 것이다.

클라라는 자기 존재의 핵심에 뭔가 문제가 있다는 생각을 갖게 되었다. 그래서 자신을 사랑받을 가치가 없는 존재라고 여기게 되었다. 이 패턴은 핵심 부적응 스키마 가운데 하나다. 이 감정 패턴이 핵심 신념으로 작용하면 역기능 모드의 방아쇠가 당겨진다. 자신에게 뭔가 문제가 있다는 클라라의 생각은 의무감에 얽매이는 그녀의 모드를 촉발하는 방아쇠가 되었다.

한 모드의 핵심 신념은 내가 무엇에 가장 취약한지, 무엇이 중요하지 않은지, 그리고 무엇이 가장 강력한 방아쇠가 될지를 결정한다. 경멸하듯이 비죽이는 입술 같은 방아쇠는 모드를 활성화시키는 강력한 상징적 의미가 실린다. 태도를 촉발시키는 것은 자신의 감정이 하나의 사건에 부여하는 의미다. 언뜻 지나가는 한 마디 말이나 목소리의 톤, 신체적이고 감각적인 단서 등 대부분의 사람이 알아보지 못하는 미세한 현상이라도 특정 개인을 매우 힘든 모드로 몰아넣을 수 있다.

커피숍에 친구들과 함께 앉아 있던 어느 젊은이에게 일어난 일을 생각해보자. 그는 수다를 떨며 기분이 좋은 상태였다. 농담도 하고 배꼽을 잡고 웃기도 했으며 활기찬 상태였다. 하지만 점원이 그의 커피를 리필하러 와서 컵의 반만 커피를 따르고 가버리자 갑자기 기운이 빠지면서 시무룩해졌다. 말도 없어졌고 혼자 시무룩하게 생각에 빠지는 것 같았다.

그는 나중에 이 사건에 대해 자신의 심리상담사에게 말했다. 상담사는 그날 커피숍에서 있었던 그의 갑작스런 변화가 커피숍 점원이 그에게 관심을 가져주지 않는다고 느낀 결과라고 해석했다. 관심을 못 받고 있다는 느낌은 젊은이가 과거 어렸을 적에 알코올 중독인 어머니와의 힘들었던 관계를 떠올리게 만들었다. 그가 어렸을 적 어머니는 그를 잘 돌봐주지 않았다. 돌봐주기는커녕 그가 꼭 필요로 하는 것도 제대로 제공해주지 않았다고 했다.

자신이 사랑 받을 자격이 없다고 믿는 사람은 무의식적으로 다른 사람이 자신을 비난하며 거부한다고 느끼기 쉽다. 그렇게 되면 이런 태도를 부채질하는 아주 사소한 신호라도 그와 관련된 모드를 즉각 활성화시킬 수 있다

'아무도 나에게 관심을 가져주지 않는다'는 생각을 핵심 신념으로 지닌 그 젊은이의 감정 박탈 렌즈를 통해 볼 때, 반이나 비어 있는 컵은 갑작스런 기분 변화를 초래했다. 젊은이는 편안한 연결 모드에서 갑자기 꽉 조이는 불안 모드로 옮겨갔다. 불안 모드에서 솟구치는 두려움과 슬픔이 억울한 자신의 처지를 수면 위로 떠오르게 만든 것이다.

사람마다 특수한 개인적 역사와 태도를 갖는다. 반이 차 있는 컵의 의미를 생각해보라. 어떤 사람에게 그것은 그저 대수롭지 않은 일이다. 커피를 점차 줄여 카페인을 끊고 싶은 사람에게는 점원이 자신에게 호의를 베풀어주는 행위로 해석할 수도 있다. "좋은 날과 나쁜 날의 차이는 자신의 태도에 달려 있다."는 격언은 그래서 맞는 말이다.

근본적인 태도, 관점, 인식을 포함하는 핵심 신념은 한 사람의 정신적 알고리즘으로 작동한다. 그것은 한 사람의 감정적 결정을 통제하는 무의식적 규칙이 된다. 이것은 '만약 …하다면 …하다'와 같은 형식을 취한다. 가령 파트너가 자신과 거리를 두는 것을 감지할 때 자신이 회피 모드에 있으면 먼저 파트너로부터 빠져나오려 할 것이다. 또 불안 모드에 있다면 파트너를 졸라대고 그에게 집착할 것이다. 여기서의 판단 규칙은 이렇다. '만약' 상대방이 나에게 거리를 두는 것이 느껴지면, '그렇다면' 나는 버림을 받는 것이 되고, 그렇기 때문에 스스로를 보호해야 한다. 이때 사용할 전략을 결정짓는 것이 바로 모드다.

혐오 모드의 극단적 형태는 실수를 저지르면 누구라도 가혹한 처

벌을 받아야 한다는 신념을 만든다. 혐오 모드의 비관용적인 태도는 사람들을 지나치게 가혹한 사람으로 만든다. 변명이나 정상 참작이 필요한 상황, 일반적인 불완전함 등은 중요하지 않다. 이 모드는 비난 받는 사람에 대한 이해를 결여하고 있다. 그들의 마음 속 외침은 이런 것이다.

'자비는 기대하지 마라. 용서 같은 소리 하고 있네!'

혐오 모드에 빠져 있음을 보여주는 흥미로운 현상은 부모님의 꾸짖는 목소리 톤을 대개 자신도 그대로 흉내낸다는 점이다. 냉담하고 경멸에 가득 찬 목소리를 어른이 되어 자기도 모르게 따라하는 것이다.

각각의 모드는 독특한 내면의 소리를 가지고 말한다. 이 내면의 목소리는 그 모드의 알고리즘을 암시한다. 그것은 우리의 인식의 모형이 되어버린 마음속에 고정된 일련의 가정假定들이다. 일반적으로 뇌는 주변의 세상에 관한 믿음을 업데이트시키는 가설 엔진으로 작동한다. 그러나 모드는 업데이트 없이 동일한 믿음에 계속해서 머문다.

이러한 개인적 신념은 자신이 무엇을 중요하게 생각하고 중요하게 생각하지 않는지, 그리고 그것의 의미를 어디에 두는지 결정한다. 따라서 자신의 경험을 해석하는 방식도 결정할 수 있다. 이 신념들은 개인의 근시안적 견해를 중심으로 형성되는데, 이것은 모든 것을 '나'에 관한 것'으로 해석하게 만든다. 내가 무대의 중심에 있다고 믿으면서, 일어나는 어떤 일이라도 나를 가리키는 것으로 받아들이는 것이다.

이런 측면에서 볼 때 핵심 신념은 자기실현적 예언이라 정의해볼 수 있다. 핵심 신념은 세상에 관한 나의 가정을 강요한다. 나의 견해를 지지하는 정보만 선택적으로 받아들이고, 나의 견해에 반대되는 것은 무엇이든 무시하거나 폄하한다. 그래서 부적응 모드의 영향력 아래에 있는 동안 나의 인식은 왜곡되어 실제로 일어나고 있는 현상을 잘못 해석할 가능성이 커진다.

이런 패턴이 오랜 시간에 걸쳐 계속적으로 반복되면 핵심 신념은 고정된 태도로 굳어진다. 변화하지 않고 습관적이며 자동적인 태도가 되어간다. 그것을 의식의 표면에 떠올려 변화시키기란 무척 어렵다. 하지만 전혀 불가능하지는 않다.

감정의 방아쇠

우아한 보석을 걸친 잘 차려입은 한 여성이 강연에 참석했다. 보석들은 자신이 디자인한 것이라고 했다. 그런데 거기에는 가슴 아픈 사연이 숨어 있었다.

몇 년 전 그녀는 보석 디자이너가 되었다. 짧은 시간에 그녀의 작품은 언론의 주목을 받으며 고급 양품점으로부터 주문이 쇄도했다. 심지어 뉴욕현대미술관의 주얼리 숍에도 진열되었다.

어느 날 그녀는 유명 백화점 바이어에게 전화를 한 통 받았다. 바이어는 그녀의 보석을 보고 싶다고 했다. 바이어는 그녀의 디자인을 좋아했지만 지금의 디자인을 조금 변형하면 더 좋을 것 같다고 했다. 그렇게 하는 데는 약간의 시간이 필요했다. 두 사람은 수정한 디자인을 확인하고 대량 주문의 세부사항을 확정적으로 논의하기 위해 다시 만날 약속을 잡고는 헤어졌다.

그런데 얼마 후, 그녀가 백화점에 갔을 때 자신의 작품을 주문하려던 바이어가 회사를 떠났다는 사실을 알게 되었다. 그 자리에는 다른 바이어가 앉아 있었다. 새로 온 바이어는 그녀의 보석을 대충 훑어보더니 퉁명스러운 손짓으로 '관심 없다'며 일언지하에 거절했다.

"백화점 사무실의 좁은 복도를 걸어 나오며 저는 울었어요."

그녀가 말했다.

"저는 그것을 '굴욕의 극치'라고 생각했죠. 마치 제가 사기 행각이 발각된 사기꾼처럼 느껴졌어요."

강한 자책감에 사로잡힌 그녀는 곧장 자신의 스튜디오로 가서는 디자인한 보석들을 전부 녹여 없애버렸다. 그리고 그 후로 보석을 한 점도 다시 만들지 않았다. 그녀가 말했다.

"성공에도 불구하고 보석 디자이너로 일하는 내내 제 스스로가 사기꾼처럼 느껴졌어요. 보석 세공에 대한 전문적인 훈련을 받은 적이 없었던 저는 사람들이 저를 사기꾼이라고 할까봐 두려웠어요."

방아쇠는 특정 모드를 부추기는 사건이나 단서를 의미한다. 그런 순간들은 지금까지 우리가 쥐고 있던 통제의 고삐를 빼앗고 감정을 혼란의 길로 몰고 간다. 상대방의 무시하는 듯한 태도에 보석 디자이너는 자신이 전문 세공 훈련을 받지 않아서 사람들이 그렇게 함부로 대하는 거라며 자책감의 방아쇠가 당겨졌다. 그리고는 지금까지 쌓아온 자신의 디자인의 결과물들을 내팽개쳐버렸다.

하나의 모드는 특정 영역에서만 나타나는 경우가 많다. 다시 말해 삶의 특정 부분에서만 그 모드가 활동하는 것이다. 인간관계에서는 회피 모드인데, 건강에 관해서는 불안 모드인 사람이 있다. 직장에서는 폭군 같은 상사가 집에서는 천사 같은 아빠이자 남편일 수 있다. 또 특정한 사람과 만나면 일정한 모드가 촉발되지만, 또 다른 사람과 만날 때는 그 모드가 일어나지 않는 경우도 있다.

특정의 핵심 신념이 정확하게 어느 모드를 활성화시키는가는 각자의 특수한 삶의 역사에 달려 있다. 또 그런 감정을 처리하는 법을 어떻게 습득했는가에 따라서도 다르다.

흔히 볼 수 있는 핵심 신념과 그것이 일으키는 모드들은 다음과 같은 것들이다.

- 버려지는 것에 대한 두려움(혼자가 되면 끔찍할 거야!)은, 자신이 매달려온 사람이 자신을 버릴지도 모른다는 염려다. 이 마음은 아주 사소한 신호에도(심지어 머릿속으로 상상한 신호에도) 매우 민감하게 반응한다. 이 신념은 집착 모드를 일으킨다.

- 감정적 박탈(아무도 나에게 관심을 가져 주지 않아!)은, 대인관계에서 자신의 필요가 무시되고 있거나 무시될 거라는 믿음이다. 이 신념은 자아에 대한 과잉 비판이라는 완벽주의 모드를 일으킨다.

- 예속(나의 바람이나 느낌은 중요하지 않아!)은, 수동적인 관계 속에서 자

신의 욕구를 억누르는 감정이다. 자신이 무엇을 해야 하는지 남이 말해주기를 기다리며, 다른 사람의 욕구에 복종해버리는 희생자 모드를 일으킨다.

- 자기희생(다른 사람의 필요를 먼저 생각해야 해!)은, 박탈 신념과 예속 신념을 뒤섞은 것으로 다른 사람의 필요를 먼저 생각하기 위해 자신을 희생한다. 이것 역시 희생자 모드를 촉발한다.

- 사랑받지 못함(나는 심각한 결함이 있어!)은, 자신에게 결함이 있다는 믿음이다. 자신을 제대로 아는 사람이라면 아무도 자신을 사랑하지 않을 것이라는 믿음이다. 이것은 완벽주의 모드를 촉발할 수 있다.

- 사회적 고립(나는 어디에도 어울리지 못해!)은, 자신이 어떤 그룹에 속하지 못하거나 비웃음을 살 것이라는 느낌이다. 이것은 낯선 사람이나 무리 속에 있을 때 불안 모드를 촉발시킨다.

- 취약성(안 좋은 일이 일어날 거야!)은, 자신이 언제나 의험 속에 있다는 두려움으로서 불안 모드로 이어진다. 커다란 재앙을 상상하며, 아주 사소한 위협이나 위험 신호에도 그것을 거대한 위험으로 과장한다. 이는 불안하게 하는 모든 것을 회피하려 든다는 점에서 회피 모드의 원인이기도 하다.

- 가혹한 기준(무슨 일이 있더라도 더 잘 해야 해!)은, 비현실적으로 높은 기준을 달성하기 위해 노력해야 하며 무언가를 성취하기 위해서는 희생을 각오해야 한다는 믿음이다. 이 신념은 운동, 학교, 직업, 가정 등 자기가 속한 어떤 영역에도 적용될 수 있으며, 실적 측정이나 비교에 의해 촉발될 수 있다. 이것은 의무감에 얽매인 완벽주의 모드를 활성화시킨다.

- 실패에 대한 두려움(나는 성공에 필요한 것을 갖고 있지 않아!)은, 자신이 일정한 도전을 감당하지 못할 거라는 확신이다. 이것은 그러한 도전에 직면할 때 불안 모드를 활성화시킬 수 있다. 이 신념을 일으키는 방아쇠는 가혹한 기준을 일으키는 방아쇠와 비슷하지만, 믿음의 차이(나는 더 잘 해야 해 vs. 나는 할 수 없어)로 인해 서로 다른 모드가 일어난다.

- 자격(나는 특별해!)은, 자신은 특권을 누릴 자격이 있기 때문에 일반적인 규칙은 자신에게 적용되지 않는다는 태도다. 다른 사람이 어떻게 생각하는지는 중요하지 않기 때문에 자신이 원하는 것은 무엇이라도 할 수 있다는 믿음이다. 이것은 포식자 모드를 활성화시킨다.

모터가 없는 두 척의 무동력선을 바닷가에 정박시켜 놓으면 시간이 지날 때마다 두 배의 방향이 일정하게 바뀌는 것을 볼 수 있다. 두 배를 같은 방향으로 돌려놓는 것은 다름 아닌 바람과 해류다. 방아쇠가 감정의 모드를 활성화시키는 원리는 마치 바람과 해류가 배의 방향을 일정하게 틀어놓는 원리와 비슷하다. 그것은 눈에 보이지는 않지만 결과를 통해 분명하게 드러난다.

7

감정의 모드가 암시하는 것들

아이들은 부모나 형제, 친척 등 핵심 인물들로부터 충분한 돌봄을 받을 때 스스로 사랑받을 가치가 있다고 느끼게 된다. 세상을 신뢰하는 관점도 그런 돌봄 속에서 자랄 때 훨씬 더 잘 형성된다.

안정된 신념이 감정의 토대에 자리하면 자신의 관계와 삶 전반에도 긍정적인 생각을 이어가기가 수월하다. 그럼으로써 더 차분하고 자신감에 넘치는 사람이 되며 친밀한 관계를 맺는 능력도 향상된다.

무력한 상태로 태어난 아이가 생존하기 위해서는 보호와 양육이 반드시 필요하다. 보호와 돌봄을 받는 환경에서 아이는 세상이 안전한 장소라고 믿는다. 사람들이 자신의 필요에 응해주고 도와줄 것이라는 믿음을 새기는 것이다.

'행복한 수프'는 어린 시절 나의 즐거운 기억이다. 할머니는 말씀하시곤 하셨다.

"할머니 집에 놀러오너라. 행복한 수프를 만들어주마."

"행복한 수프에는 뭐가 들어 있어요?" 내가 할머니께 물었다.

"그건 중요하지 않단다." 할머니가 대답했다.

"사랑으로 만든 수프라면 행복한 수프지."

할머니가 만들어주신 행복한 수프를 먹을 때면 따뜻한 사랑을 받고 있다는 느낌이 나를 실제로 행복하게 만들었다.

바로 이러한 연결의 느낌이 어른이 되어서도 안정된 감정의 토대로 이어진다고 영국의 발달심리학자 존 보울비는 말했다. 그는 안전과 연결의 느낌이 세상과 자아, 그리고 인간 사이의 관계를 탐험하는 데 '감정의 안식처'를 제공한다고 말했다. 이 안정된 느낌은 자신을 가치 있고 사랑받을 만한 존재로 인식시킨다. 감정의 안식처가 필요할 때마다 거기에 가면 무조건적인 사랑을 받는다는 믿음이 있을 때 자기 가치감도 함께 커진다는 것이다.

불교심리학은 인간은 누구나 '기본적 선량함'을 본성에 품고 있다고 말한다. 붓다는 자신감, 사랑(자비), 평정심, 편안함 등 행복하고 자유로운 마음의 성질을 인간의 핵심적인 본성으로 보았다. 우리는 누구나 내면의 자연스러운 성질로 향할 수 있으며, 기본적 선량함을 키우는 삶을 살 수 있다.

기본적 선량함이 깃든 건강하고 조화로운 내면의 상태는 마치 햇빛이 안개를 걷어가듯이 건강하지 못한 감정들을 사그라지게 한다. 감정의 안정된 모드를 얻기 위해 반드시 완벽하고 안정된 아동기를 겪어야 하는 것은 아니다. 우리는 깨어 있는 또렷한 마음을 통해 이 건강한 존재 방식과 연결을 맺을 수 있다.

로빈 이야기

로빈의 가족은 말을 많이 키웠다. 그녀는 어린 시절 내내 거의 말을 타면서 자랐다. 가끔 말 등에 아무것도 얹지 않고 타기도 했다. 그녀는 언제나 말을 좋아했다.

그녀는 수의사가 되고 싶어 했다. 스물다섯 살이 되어갈 무렵, 애리조나의 나바호 인디언 보호구역에 있는 동물병원에서 인턴 생활을 하면서 안장을 얹지 않고 말을 타는 기술이 소문이 났다. 이런 능력으로 그녀는 지역의 말 경주대회에도 참가했다.

그녀는 대회를 준비하며 많은 시간을 보냈다. 동물병원에서의 인턴 기간이 끝났지만, 그녀는 여름에 애리조나로 다시 돌아와 나바호족 인디언 친구들과 4주 동안 말 경주를 연습했다. 경주를 준비하는 동안 친구 집에 머물렀는데, 한 친구가 그녀를 멋진 애리조나 시골을 구경시켜주겠다며 차를 태우고 나갔다. 그리고 그날 밤, 그녀와 나바호족 친구 두 사람이 집으로 돌아오던 중 맞은편에서 과속으로 달려온 밴 차량과 정면으로 충돌했다.

로빈은 중상을 입었고, 차 안에 있던 다른 두 사람은 목숨을 잃었다. 로빈이 말했다.

"꿈 같은 여름이 지옥 같은 여름으로 바뀌는 순간이었어요."

그 사고로 로빈은 다리가 심하게 부러졌고 복부도 파열되었다. 나바호족 친구들의 죽음으로 인한 충격은 이루 말할 수 없었다. 경찰은 상대편 운전자가 훔친 밴으로 자살을 기도한 정황에 대해 말해주었다.

로빈은 그때 일을 이렇게 회상했다.

"한때 친구들과 함께 웃고 즐겼었는데 어느 순간 갑자기 그들이 사라졌어요. 납득하기 어려운, 너무나도 힘든 경험이었죠."

"모든 기억이 하얗게 지워지는 것 같았어요. 한동안 그 사고 외에는 아무 생각이 나지 않았어요."

그리고 한참이 지나서야 로빈은 악몽 같은 현실에서 아주 서서히 회복되어가고 있었다. 의사도 그녀가 생각보다 훨씬 빠르게 몸과 마음이 회복되고 있다고 말했다. 로빈이 회상했다.

"그것을 너무 개인적으로 받아들일 필요가 없다는 것을 알았어요."

"어느 순간부터, 슬퍼하거나 저 자신을 가엽게 여기지 말아야 한다는 생각에 이르렀어요. '왜 이런 일이 내게 일어났지?'라고 생각하지도 않아요. 사건에 대한 집착이 제 안에 독을 퍼뜨릴 거라는 건 분명해보였어요. 저 자신에게 진실하고자 했어요. 일어난 일에 대해 후회하지 않기로 말이에요. 애리조나로 갔기 때문에 이런 일을 당한 것이라고 후회하지 않아요."

"그리고 시간이 흐른 어느 순간부터 저는 스스로를 정상인 사람으로, 치유된 사람으로 다시 보는 듯한 느낌이 들었어요. 그렇게 조금씩 치유되어가고 있다고 생각하자 회복은 더 빠르게 진행되는 듯했어요."

이러한 그녀의 핵심 신념에는 그녀가 의지할 수 있는 확신과 내면의 자원이 있는 듯했다.

생물학자들은 나뭇가지는 바람에 가장 유연하게 움직일 수 있는 굵기로 되어 있다고 말한다. 부러지지 않으면서 가장 유연하게 움직일 수 있는 두께 말이다. 감정의 안정 모드에 있을 때 우리는 거센 바람에도 부러지지 않고 유연하게 휘어지는 나뭇가지처럼 회복탄력성과 유연성을 지닌다.

이것은 자신이 겪는 고통을 부정하거나 별것 아니라고 과소평가하는 태도와 다르다. 어떤 현실은 도저히 견디기가 힘들 정도로 가혹하다. 어떤 통증은 혼자서는 감당할 수 없어 반드시 다른 사람의 도움이 있어야 한다. 우리는 모두 삶의 역경에 대처하는 자기만의 방식을 가지고 있다. 고통을 헤쳐나가는 길은 분명치 않다. 그럼에도 맞닥뜨리는 도전과 어려움에서 자신의 길을 발견해야만 한다.

로빈은 안정 모드에서 나타나는 전형적인 태도를 여럿 보여주었다. 긍정에 토대를 둔 감정은 고통을 눈에 띄게 누그러뜨릴 수 있다. 이것은 고통이 일어나지 않도록 한다는 의미가 아니라, 그것이 일어나더라도 웬만큼 경감시킬 수 있다는 의미다.

로빈이 말했다.

"이 일로 제 삶이 바뀌었다면 그것은 사람들에게 감사의 마음을 갖게 되었다는 거예요. 그리고 사람들에게 저의 그런 믿음을 알리게 되었어요. 저는 친구를 사랑하고 가족을 사랑해요. 하지만 이제는 그걸 '겉으로 표현하는 데' 초점을 맞추기로 했어요. '도와줘서 고마워요'처럼, 전에는 하지 않았던 말을 해보는 거죠. 제가 그들에게 느끼는 따뜻함을 그들이 알게 해주는 거예요. 그렇다고 제가 잃을 건 아무것도 없어요. 사람들이 좀 더 그렇게 했으면 좋겠어요."

이런 의사소통은 상대의 깊은 곳에 더 쉽게 다가가게 해준다. 본성을 함께 느끼면서 가슴에서 우러날 때 마음은 더 자연스럽게 전달된다.

집으로 돌아온 로빈은 사람들이 자기가 겪은 사고에 대해 말하기를 꺼려한다는 것을 알았다. 사람들은 그녀가 휠체어에 앉아 있는 것을 보고서도 그 사고에 대해 언급하는 것을 회피했다. 하지만 아이들은 달랐다.

"아이들은 '저것에 대해 물어봐서는 안 돼'라고 생각하는 생각의 필터를 갖고 있지 않아요. 아이들은 질문을 던지곤 했어요. 저는 처음에는 질문에 준비가 되어 있지 않았어요. 옛날에 제가 베이비시터를 하며 돌봐주었던 어느 작은 여자아이는 이렇게 말했어요. '우리 엄마가 그러던데 이모는 거의 죽을 뻔 했다면서요? 이모가 입은 상처에 대해 듣고 싶어요.' 그때 저는 이렇게 답했어요. '그래, 좋아. 하지만 조금 마음이 아플 거야.' 저는 예민해지지 않았어요. 아이는 단지 궁금했던 것뿐이죠. 아이는 모든 이가 궁금했지만 감히 직접적으로 물어보지 못했던 질문을 제게 솔직하게 던지고 있었어요. 어른들이 말하지 못하는 것도 아이는 말할 수 있죠. 그런데 그 질문에 저는 큰 도움을 받았어요. 왜냐하면 제가 입은 사고가 그리 대수로운 게 아니라는 것을 아이가 알게 해주었기 때문이죠."

로빈이 말을 이었다.

"그래서 저는 그 일을 없는 듯 덮어두지 않기로 했어요. 그렇다고 아이가 무서워하는 말을 하려는 건 아니에요. 적절하고 긍정적인 방식으로, 그리고 모든 것이 괜찮다는 식으로 아이에게 진실을 이야기할 거예요."

"학생 때 힘들게 일하며 뛰어다니는 동안은 저를 인정한다고 말하는 사람이 별로 없는 것 같았어요. 그런데 지금처럼 힘든 상황에 있고 보니 사람들이 매우 도움이 된다는 걸 알겠더군요. 때로 멈춰 서서 다른 사람의 입장에 서보는 것이 무척 어렵죠. 그들 덕분에 전 힘을 낼 수 있었어요. 그리고 제가 그들을 위해 해줄 수 있는 것이 무엇인지도 생각하게 되었고요. 저는 훌륭한 구급 간호사가 되어 어려움에 처한 사람들을 맨 먼저 돕는 사람이 되고 싶어요."

긍정 대 부정의 황금비율

테드의 아버지가 오랜 질병 끝에 돌아가셨다. 아버지의 죽음은 테드에게 충격적인 일은 아니었다. 테드는 말했다.

"아버지는 하고 싶었던 말을 전부 하셨어요. 우리는 평화로웠죠."

그렇지만 테드는 그 이후로 자신에게 일었던 엄청난 마음의 혼란에 놀라고 있었다. 혼란은 형제들과 빚어진 갈등으로 더 심해졌다. 아버지는 재산에 관해 유언장을 남겼지만 재산 분배에 관한 규칙은 언급하지 않았다. 형제간에 누가 얼마를 가져야 하는지에 대해 테드와 형제들 사이에 다툼이 벌어졌다.

테드가 가장 힘들었던 것은 그의 아버지가 해오던 가업을 맡아 이끌어야 한다는 가족들의 압력이었다. 형제 중에 가업에 대해 사업 경험을 가진 사람은 테드가 유일했다. 하지만 테드는 가업이 아닌 자신의 사업을 하고 싶었다.

"어떻게 해야 할지 도무지 알 수 없었어요."

"아버지가 하시던 사업을 물려받고 싶은 생각도 있었지만, 가족들이 그래야 한다고 말했기 때문에 그렇게 하는 건 싫었어요. 다른 사람이 말하는 의무감으로 저의 북극성을 찾을 수는 없어요. 제 가슴이 말하는 것, 저의 마음을 따라야 한다고 생각했어요. 하지만 요즘은 마음이 무척 불편해요. 그런 결정을 내릴 상황이 아니라고 느껴지거든요."

독실한 가톨릭 신자인 테드는 자신의 진정한 중심을 찾아보려는 생각에 묵상 기도수련회에 참석했다. 그가 원하는 것은 보다 현명한 결정이었다.

"하지만 마음을 안정시킬 수가 없어요. 마음을 흔들어놓는 일들이 너무 많아요."

테드는 주말 동안 베네딕트 기도원에 가기로 했다. 학창 시절에 자주 가던 곳이었다. 그가 말했다.

"저의 고요한 중심을 다시 일으킬 필요가 있어요. 일단 그걸 되찾으면 더 나은 지점에서 결정을 내릴 수 있을 것 같아요."

그는 최선의 결정을 내리기 위해 노력하고 있었다.

괴로운 감정에 사로잡히면 편도체는 뇌의 전두엽에 있는 실행 센터를 옥죄어 마음을 위축되게 만든다. 그러면 감정은 이미 학습한 습관적 반복 외에는 마음을 두지 않아 유연하고 창의적인 선택을 즐기지 못하게 된다.

감정은 안정 모드에 있을 때 삶의 문제에 대한 대안적 해결책도 더 쉽게 찾는다. 이때 마음은 창조적으로 작동하며, 가능성의 세계는 확장된다. 마치 바다에서 항해하는 것과 같다. 돛을 조정하여 배의 방향을 제어할 수 있지만, 그저 바람에 내맡겨야 할 필요도 있는 것이다.

긍정적인 감정 프레임에 있을 때 전두엽의 좌측 부위가 더 활성화된다는 사실을 과학자들은 확인했다. 그런데 불편한 느낌이 강하면 전두엽은 감정 중추, 특히 편도체에 그 통제권을 내어준다. 극심한 부정적 감정에 휩싸여 있는 동안은 오른쪽 편도체와 그와 관련된 회로뿐만 아니라, 오른쪽 전두엽 피질까지 활성화되는 것으로 나타난다. 편도체가 느끼는 감정적 위기감이 전두엽의 모든 활동을 장악해 버리는 것이다.

반면 긍정 모드에 있을 때 전두엽은 자기 역할을 다한다. 긍정 모드에서 감정은 행복과 기쁨을 넘어 넓은 범위로 확장된다. 고요한 평정, 일에 대한 온전한 몰입, 주변에 대한 예리한 관심, 예상치 못한 일에서 느끼는 기쁨, 멋진 일몰에서 얻는 경외감, 친절한 행동에 대한 감사, 음악가의 연주에 대한 가슴 따뜻한 영감에까지 감정은 섬세하게 확장된다. 물론 다양한 빛깔의 사랑까지 포함해서 말이다.

온전하고 참여적인 삶을 위한 최상의 토대는 무엇보다도 건강하고 적응적인 모드를 지니는 데 있다. 온전하고 참여적인 삶이란, 책임을 지고 전념하는 것, 일터에 나가고 부모 역할을 다하는 것, 자신의 건강을 돌보고 유지하는 것, 사랑하는 사람과 즐거움을 나누는 것, 지적이고 창의적인 모험에 뛰어드는 것이다.

노스캐롤라이나 대학의 심리학자 바버라 프레드릭슨Barbara Fredrickson은 이러한 긍정 모드의 결실을 과학의 눈으로 들여다보았다. 그녀는 인간이 하루 중에 갖는 부정적이고 긍정적인 감정을 모두 추적해보면, 긍정성과 부정성의 비율을 알 수 있다는 사실을 발견했다. 이는 한 개인의 삶에서 발휘하는 전반적인 긍정성 능력을 가늠하는 데 도움이 된다.

그녀가 발견한 일반적인 사람들의 긍정성 대 부정성 비율은 2대 1이었다. 우울한 사람은 이와 반대로 1대 2의 비율을 보였다. 부정적 감정 둘에 긍정적 감정 하나를 갖는 것이다. 그런데 긍정적 태도가 향상되면, 예컨대 3대 1이 되면 일상적인 기복을 뚫고 삶이 번창하는 것을 볼 수 있었다. 그야말로 황금비율인 것이다.

이 지점에서 인간은 모드의 전이轉移를 겪었다. 이때 사람들은 더 쉽게 '플로flow', 즉 몰입의 상태에 들어갔다. 몰입 상태에서 인간은 최상의 수행력을 발휘하고, 대부분의 도전을 능숙하게 처리하며, 하는 일에 온전히 빠져든다.

긍정성은 수동적인 받아들임을 의미하지 않는다. 그것은 지금 있는 그대로 모든 게 괜찮다는 맹목적 가정이 아니다. 달라이 라마가 말했듯이 "현실적인 두려움은 필요하다. 지혜란 현실의 모든 측면에 대한 자각을 의미한다. 그러나 우리를 불편하게 만드는 감정이 일어나면 이 모든 것을 보지 못한다."

프레드릭슨의 연구는 기쁨, 평정, 감사 같은 긍정적 감정이 삶의 역량을 확대시킨다는 것을, 즉 더 많은 것을 충분히 해낼 수 있게 한다는 것을 말하고 있다.

프레드릭슨은 주의 사항도 덧붙인다. 긍정적 감정은 분명히 삶을 윤택하게 만드는 기분의 범주지만, 매번 반드시 그래야 하는 것은 아니라는 것이다. 우리는 상실에 대한 슬픔이나 좋은 소식에 대한 기쁨처럼, 그 순간에 적합한 감정을 가지고 유연하게 반응할 필요가 있다. 그녀는 "긍정적 감정을 가지려 노력하되, 억지로 선택하는 긍정적 감정은 오히려 부작용을 일으킬 수 있으니, 그때마다 편안한 마음으로 적절히 조절하라."고 말한다.

부정적인 모드에서 장점 찾기

모드는 긍정적 극단과 부정적 극단을 함께 가진 감정 습관의 복합체다. 예컨대 완벽주의 모드의 한 극단에는 날카롭고 지적인 분별력이 있는 반면, 또 다른 극단에는 비판적인 평가가 존재한다.

모드의 비생산적인 부분을 제거할 수 있다면, 적응적 부분이 더 선명해질지도 모른다. 왜곡된 인식과 과잉 반응에서 벗어날 수만 있다면, 우리는 자신의 긍정적 능력을 더 끌어올리는 감정의 모드를 찾게 될 것이다. 긍정 모드의 범주에 자주 접근할수록 이런 일은 더 자주 일어난다.

자신이 지닌 모드의 단점이 어떻게 거꾸로 장점이 되는지 살피는 것도 현명한 일이다.

가령 회피 모드에서는 흥분을 자제하는 태도가 장점이 될 수 있고, 불안 모드에서는 안전을 확보하려는 준비자세가 장점일 수 있다.

불안 모드에서 우리는 상황에 대해 계속해서 곱씹게 되는데 신변이 안전한지 관계가 안정적인지 알고 싶어 하거나, 단지 어떤 이슈에 관해 더 분명하게 이해하기 위해 곱씹는다. 그러나 이런 탐색하는 마음의 성질을, 불안이라는 덧씌움 없이 보다 넓게 반성할 수 있다면 그것은 곱씹기ruminating라기보다 자신을 밝게 비추기illuminating가 될 수 있다.

마찬가지로 부적응 모드를 촉발하는 핵심 신념도 잠재적 장점으로 변할 수 있다. 예속은 자기주장으로 바뀔 수 있고, 박탈은 돌봄과 공감에 대한 민감성으로 바뀔 수 있다. 사랑받지 못한다고 느끼는 것은 진정한 겸손의 마음을 일으킬 수 있다. 자만심의 한 편에는 건강한 자신감이 웅크리고 있다. 완벽주의는 능력과 효율성이 된다. 포기는 충성을 그 안에 담고 있다. 그리고 취약성은 건강한 조심성을 품고 있다.

불교가 말하는 '세 가지 뿌리' 각각에도 장점이 존재한다.

예컨대 집착 모드의 바람직한 극단은 잘 연마된 미적 감각과 영감,

감정적 조율, 그리고 신뢰다. 집착은 활기 넘치는 추동력으로 변화할 수 있다. 위대한 창의적 작업을 달성하도록 돕는 분별 있는 지혜로 변할 수 있는 것이다. 그리고 자유로워지고 싶은 욕망에도 집착을 이용할 수 있다.

혐오 모드의 이로운 면은 티베트 불교가 '거울 같은 지혜'라고 부르는 것이다. 거울 같은 지혜란 예리한 명료성과 날카로운 분별의 지능, 그리고 건강한 분별력이다. 예컨대 갈등을 창의적으로 해결하는 잠재력이 깃들어 있는 것이다.

그리고 혼돈 모드는 평정심, 현명한 여유로움을 낳을 수 있다.

포식자 모드의 긍정적 측면에는 강한 자신감이 있고, 희생자 모드는 커다란 공감의 능력과 협력에 대한 재능이 있다.

이들 각각의 모드에서 부정적 극단은 그 모드가 감정적 동요나 왜곡된 인식과 뒤섞일 때 나타나며, 긍정적 측면은 그것을 변화시킬 때 발휘된다. 부정적 모드의 모든 것을 제거해야 한다고 생각하기보다, 그 모드의 강점을 찾아 키워가는 쪽이 현명하다는 말이다.

치유란 부정적 모드로 쪼개진 것들을 주워 담아 긍정적으로 통합하는 것을 의미한다.

제이크는 학교에서 친구들을 못살게 구는 포식자 같은 8학년으로 모두가 그를 두려워했다. 어느 봄 날, 제이크의 학급과 3학년 학급이 함께 소풍을 갔다. 소풍 버스가 학교로 돌아오던 중 오지의 시골길에서 강력한 폭풍을 만났다. 바람은 위험하게 거셌다. 버스 운전사가 주차할 만한 안전한 장소를 찾던 중 3학년을 태운 버스가 뒤집어졌다. 다행히 크게 다친 아이는 없었지만, 모두가 가벼운 찰과상을 입고 울음을 터뜨렸다.

버스에서 내린 고학년 아이들이 달려와 도움을 주었다. 그 혼란의 와중에 리더로 부상한 십대가 있었으니 바로 제이크였다. 그는 8학년 학생들이 3학년 아이들을 일대일로 맡아 마음을 안정시키도록 이끌었다. 그리고 아이들을 다른 안전한 버스로 갈아타도록 했다.

제이크는 평소 자신의 프식자 모드의 장점을 사용해 자신감 있는 리더가 되었다. 이기적 목적이 아니라 연민의 마음을 담아 남을 돕는 데 그 힘을 사용했던 것이다.

모드가 암시하는 것들

일정한 자리에 있던 물건이 보이지 않아 물건을 잃어버렸다고 생각한다고 치자. 그 물건은 당신에게 매우 소중한 의미가 있기 때문에 당신은 패닉에 빠져 자동적으로 '그것을 잃어버렸다!'고 단정 짓는다. 물론 자신이 소중하게 여기는 것을 잃어버리면 불안을 느끼는 것은 자연스러운 일이다.

하지만 물건을 잃어버렸다는 가정에 고착되어 물건을 다른 곳에 두었는지 살펴보지도 않고 커다란 재앙을 머릿속에 그리는 것은 감정을 계속 왜곡된 모드에 머물게 하는 태도다. 바로 그때 감정을 가라앉히면 부정적인 모드에 들어가지 않고도 문제는 해결될 수가 있다.

극명하게 다른 결과를 가져오는 이러한 감정의 습관은 우리 삶에 다양한 모습으로 나타난다. 이러한 두 순간은 서로 매우 다른 모드의 축소판이기도 하다.

첫 번째 순간에서 생각은 부정적 모드의 습관이라는 상궤를 따르기 시작했다. 당신은 처음 찾아본 장소에서 그 물건을 발견하지 못하자 그것을 잃어버렸다고 즉각적으로 단정 짓고 말았다. 이런 어이없는 단정은 급격한 불안 모드의 신호를 만든다.

두 번째 순간은 안정 모드인데, 당신은 보다 차분하게 생각하며 물건을 잃어버렸다는 왜곡된 단정에 의문을 제기한다.

습관적인 감정, 느낌, 행동, 그리고 그와 관련된 상호작용 등 하나의 모드의 맛을 알고 있으면, 그 모드가 활성화되는 순간을 알아차리기는 더 쉬워진다.

불안 모드에 있을 때 우리는 걱정을 과장하고 두려움을 성급하게 확정 짓는 왜곡된 가정을 내리게 된다. 그때 초점은 걱정에 고정된다. 거기에 따라오는 느낌은 불안, 조바심, 그리고 신체에서 나타나는 불안한 에너지다. 그리고 지나친 두려움은 우발성 충동을 자극한다.

이와 반대로 안정 모드에 있을 때는 상대방을 더 잘 이해하고, 더 관점을 가지며, 더 분명하게 생각할 수 있다. 잘못된 가정에 의문을 제기하고, 문제는 해결 가능한 것으로 보인다. 이때는 마음이 동요하더라도 더 빨리 회복된다. 더 안정적이고 자기 안에 중심을 굳건히 잡으며 충만하게 된다. 그리고 더 의식적으로 응답하며, 더 적게 자동적으로 반응한다. 상대에게 연결감을 느끼고, 함께한다는 느낌을 받으며, 더 친절하고, 인내심을 발휘할 수 있다. 사물을 더 긍정적으로 보는 것도 안정 모드에 있을 때다.

특정 순간에 자신이 어떤 모드에 있는지 알기 위해서 맨 먼저 해야 할 질문은 다음과 같은 것들이다. 지금 내가 부정적 모드에 있는가? 아니면 긍정적 모드에 있는가? 나 자신의 마음과 다른 사람의 마음에서 모드의 신호를 알아볼 수 있는가?

부정적 모드의 일반적인 신호에는 다음과 같은 것들이 있다.

- 안 될 거라는 생각, 곱씹기, 혼동
- 두려움, 분노, 수치심, 무관심
- 주의력의 폭이 좁아짐, 자동적인 반응
- 후회할지도 모를 행동을 하려는 충동, 방어적인 자세

자신이 부정 모드에 있다는 것을 명확히 알 수 있으면, 한발 더 나아가 어떤 부정적 모드에 있는지 구체적으로 파악할 수도 있다. 다음은 지금까지 다루어온 모드들의 주된 특징들을 요약한 것이다. 안정 모드 이외의 모드들은 포괄적으로 부정 모드에 해당한다고 볼 수 있다.

- 집착 모드(나는 원해!)

  탐욕적 갈망. 움켜쥐고 집착함.

- 혐오 모드(나는 원하지 않아!)

  부정. 분노. 분개. 잘못을 찾아내고 가혹한 평가를 내리며 거부함.

- 혼돈 모드(나는 이해할 수 없어!)

  혼동과 초조. 결정을 내리지 못하거나 무관심함.

- 회피 모드(가까이 오지 마!)

  무감각. 사람으로부터 멀어짐. 감정을 회피함.

- 포식자 모드(내가 보스야. 나는 특별해!)

  과도한 자신감. 과대망상. 오만. 공감 부족.

- 희생자 모드(다른 사람이 원하는 거면 뭐든지 해야 해!)

  무기력. 수동성. 요구에 순종.

- 완벽주의 모드(높은 기준을 충족시켜야 하고 내 의무를 다해야 해!)

  죄책감과 자책감. 의무감에 얽매여 자발성이 부족.

- 안정 모드(나는 안전하고 긍정적이고 사람들과 연결되어 있어!)

  안정. 풍요. 행복. 타인에 개방적. 자신감과 유연한 태도.

- 부정 모드(나는 안 될 거야! 그것은 잃어버렸어!)

  두려움과 분노를 일으킴. 시도하지도 않고 절망감을 느낌.

마음의 모드가 활성화될 때 그것을 인식할 수 있다면, 그리고 모드들이 어떻게 자신의 생각과 행동, 대인관계에 영향을 미치는지 알아차릴 수 있다면 이미 절반은 올바른 자아를 되찾은 것이나 다름없다. 눈에 보이지 않는 이 감정의 습관들을 의식의 빛으로 가져올 때 우리는 그것들이 우리에게 행사하는 힘을 줄일 수 있다. 자신과 주변이 부정 모드로 물들어 있을 때, 안정 모드는 레너드 코헨Leonard Cohen의 노랫말처럼 우리가 그것을 포기하지 않는 한 반드시 찾아올 것이다.

"모든 어둠에는 틈이 있다네. 그 틈을 비집고 빛이 들어온다네."

2부

어떻게
감정을
다스릴 것인가

1

알아차림

뉴델리는 엄청나게 많은 트럭과 자동차, 스쿠터, 인력거 등이 서로 아무렇게나 뒤엉키는 곳이다. 교차로에 끝없이 밀려드는 차량이 모두 통과하려면 신호등이 수십 번은 바뀌어야 한다.

남편과 나는 티베트의 라마승 촉니 린포체와 함께 뉴델리에서 택시를 타고 있었다. 우리는 언덕 마을 다람살라에서 열릴 예정인 '마음과 생명' 모임에 참석하기 위해 가는 길이었다. 도시를 가로질러 가는 동안 빨간불이 녹색불로 바뀌는 데 한참을 기다려야 했다. 모임에 늦을까봐 우리는 신호가 바뀌기만을 조바심을 내며 기다리고 있었다.

그런데 언뜻 신호등을 보니 빨간불 안에 쓰인 은빛 글씨가 눈에 들어왔다. 거기에는 '편안하게!(RELAX!)'라고 적혀 있었다. 이 메시지를 보는 순간 우리는 크게 웃음을 터뜨렸고, 이것이 실제로 마음을 편안하게 하는 데 도움이 되었다.

그날 저녁 우리는 다시 모임 장소로 가기 위해 델리 역까지 택시를 타게 되었다. 교통은 여전히 혼잡하게 얽혀 있었다. 꽉 닥힌 도로 때문에 택시는 거의 서 있다시피 하면서 한 번에 겨우 몇 미터씩 앞으로 나아갈 뿐이었다. 인도 교통에서 차량들은 앞뒤로 거의 붙어 있다고 해도 과언이 아니다. 그럼에도 자신들이 일으키고 있는 이 교통 정체에 아무도 문제를 제기하는 사람은 없는 듯했다.

기차를 놓칠까봐 남편과 나는 그날 낮보다 더 조바심을 치고 있었다. 도로가 점점 더 막혀오자 우리는 극도의 불안 모드로 변해갔다. 거의 공황 상태에 있는 듯한 우리를 향해 촉니 린포체가 온화한 말투로 말했다.

"그냥 지켜보세요. 모든 것이 풀릴 겁니다. 그리고 제시간에 기차를 탈 수 있을 겁니다. 편안하게 계세요!"

불안의 순간에 날아온 린포체의 이 한마디는 마치 마법 같은 해결책이 되어주었다. 그리고 놀랍게도 꽉 막혔던 도로는 실타래처럼 술술 풀리기 시작했다. 우리는 여유롭게 기차를 탈 수 있었다.

습관적인 감정 패턴에서 벗어나는 일은 특별한 지복의 상태를 얻는 것이 아니다. 그것은 안절부절 가만히 있지 못하는 스스로의 마음에 제동을 걸어 그저 차분하고 명료하게 바라보는 일이다.

부정적 모드에 사로잡혀 있는 동안은 어떤 문제라도 실제보다 커 보이고 시야도 좁아진다. 부정적 감정에 있을 때 우리는 널찍한 관계의 그물망이 아니라, 작은 그물코 하나에 시각이 좁혀지는 경향이 있다. 성급하게 다른 사람을 비난하려 드는 것도 이 때문이다.

붓다는 외부의 현실을 바꿀 수는 없지만 자신의 관점을 바꾸는 것은 언제든 가능하다고 설파했다. 제자 수보리와의 대화를 기록한 금강경에서 붓다는 "모든 형상은 허망한 것이니, 형상에 얽매이지 않으면 곧 여래를 보리라."라고 가르치고 있다. 이를 넓게 해석하면, 감정에 사로잡혀 외부의 현실을 왜곡하지 않는다면, 있는 그대로의 진실을 얻게 될 것이라는 가르침이다.

있는 것을 있는 그대로 알아차리는 마음만으로도 불안은 편안함으로 바뀔 수 있다.

감정의 상태를 아는 것

습관과 마찬가지로 감정의 모드도 세 가지 기본적인 부분으로 나뉜다. 방아쇠, 반복, 보상이 그것이다. 방아쇠는 감정의 모드를 촉발시키는 실마리를 말한다. 반복은 감정이 하나의 모드에 있을 때 갖게 되는 생각과 느낌, 행동의 습관적 패턴을 말한다. 보상은 내면에서 느끼는 위안이다.

습관을 관리하는 뇌의 기저핵 시스템은 꽤 단순한 의사결정 규칙을 따른다. 뇌는 먼저 어떤 반복을 적용해야 하는지를 말해주는 방아쇠를 찾는다. 아침에 일어나 맨 먼저 거울을 볼 때 기저핵은 얼굴을 씻고 칫솔과 치약을 찾으라고 명령한다. 그런 다음 그러한 반복

행위가 가져다줄 보상을 마음속에 새긴다. 씻고 난 후의 상쾌한 기분을 마음에 그리는 것이다. 보상은 습관을 관장하는 뇌회로를 강화시킨다.

특정 모드를 촉발하는 방아쇠는 범위가 다양하지만, 코드의 관점에서 강력한 상징적 의미를 갖는다. 목소리 톤이나 말 한마디라도 처음의 실마리와 공명을 일으켜 모드를 촉발하는 방아쇠가 될 수 있다. 그러한 실마리는 학습된 반복행동을 끌어내고 그것은 다시 모드를 강화한다.

가령 회피 모드에서 압도당하는 감정은 충분한 방아쇠가 된다. 불안감으로부터 달아나는 것은 명백한 대가를 치러야 하지만, 당장의 감정적 편안함이 뇌의 보상 중추에 불을 켜고, 이것은 회피 습관이 더 확고하게 자리잡도록 만든다. 그것이 타당하든 그렇지 않든 뇌는 이런 자동적 패턴에 매달린다.

케디는 자신의 감정 패턴과 신호를 알고 있었다.

"열여덟 살 때 집을 떠났지만 부모님의 엄격한 양육 방식은 내 안에 그대로 있었어요. 내가 부모님의 행동을 그대로 따라하고 있는 것을 알고는 놀랐어요. 부모님의 목소리 톤이 내 입에서도 그대로 나오곤 했죠. 나는 언제라도 닥칠 수 있는 암흑과 불행으로부터 스스로를 보호하면서 평생을 살아왔어요. 언제든 맞받아칠 준비를 하면서 말이죠."

"어느 날 나는 크게 화가 난 채로 집으로 돌아왔어요. 그런데 딸아이가 설거지도 하지 않고 놀고 있는 거예요. 다시 화가 난 나는 제 엄마가 제게 그랬던 것처럼 딸아이를 때렸어요."

설거지가 안 된 싱크대라는 실마리가 그녀의 습관적인 반응의 방아쇠를 당겼다.

"딸아이가 나를 바라보던 모습을 잊을 수 없을 거예요. 아이는 내가 그토록 괴상한 감정 상태라는 사실에 놀라는 듯했어요. 하지만 딸은 생각보다 큰 충격을 받지는 않은 듯했어요. 다만 내가 다른 행성에서 온 사람인 것처럼 쳐다볼 뿐이었어요. 나는 부엌을 나오고 나서는 내 행동이 얼마나 어리석었는지 금세 깨달았죠."

이런 유해 패턴에서 깨어나기 위한 첫 단계는, 먼저 자신의 자동적인 감정 습관을 의식의 표면으로 가져오는 일이다. 의식하지 못한 채로 그것을 변화시킬 수는 없다. 부정적 모드를 오직 있는 그대로 알아차림으로써 우리는 안정된 자아를 훼방하는 감정의 모습에 다가갈 수 있다.

일상은 감정의 모드를 부추기는 실마리들로 가득하다. 모드는 속성상 일시적이다. 비록 그것이 한동안 지속되더라도 그것은 잠재적인 종말을 가지고 있다. 모드는 학습된 반응인 만큼, 새로운 학습을 통해 대체가 가능하다. 부정적 모드에서 멀어지기 위해서는 의도적인 노력이 필요한 것이다.

다음 단계에서는 습관적인 반응을 생산적인 반응으로 대체해야 한다. 부정적 모드가 시작되었다는 것을 알아차리거나 실마리를 인식할 때마다 의도적인 변화를 연습해야 한다.

팔짱을 낄 때 평소 아래로 가던 팔을 위에 얹어보라. 조금 다르게 느껴지는가? 감정 습관을 바꾸려고 할 때도 이와 비슷한 느낌이 일어난다. 처음에는 어색하고 낯설게 느껴진다. 그러나 새로운 습관을 반복하면 어색함은 사라지고 어느새 새로운 반응에 친숙해진다. 의도적인 노력은 그것을 새로운 반복행동, 곧 습관으로 정착시킨다.

뇌는 우리에게 습관이라는 함정을 건너가도록 독려하기보다 거기에 안주하도록 붙잡는다. 새로운 습관을 들이려면 뇌에 에너지가 필요하며, 자동 반응의 유혹에 저항하는 데도 노력이 필요하다.

습관적 반복을 새로운 것으로 대체하는 데는 자각과 노력이 필요하지만, 변화를 거듭할수록 기저핵은 새로운 반복을 더 많이 받아들이며 점차 에너지도 더 적게 필요로 한다. 이제는 새로운 반복이 자동 반응이 되었기 때문이다.

물론 어떤 습관은 다른 습관보다 바꾸기가 어렵다. 부정적 모드가 내면의 깊숙한 감정적 목적을 위한 것이라면, 단순한 논리를 따르지 않는다. 부분적으로 그러한 감정의 토대 위에 정체성이 구축되기 때문이다. 따라서 그러한 감정 모드에서 빠져나오려 할 때 상당한 불안을 느끼게 된다.

자신을 구속하던 감정에서 벗어나기 시작하면, 그때까지의 무익한 감정 습관의 반복에 환멸이 느껴지기 시작한다. 그동안 자신의 진정한 본성을 가렸던 인지적, 감정적 습관으로부터 해방되면 마음은 자연스럽게 깨어나 번창하기 시작한다.

감정 습관을 변화시키는 데 선택권이 별로 없다고 느껴질 수 있다. 특히 감정의 모드를 구성하는, 무의식적 행동의 양상을 생각하면 더

욱 그렇다. 그러나 감정을 알아차릴 수 있는 능력은 감정의 변화를 일으킬 수 있는 신호탄이 된다. 즉 현재 자신의 감정이 어떤 상태에 있는지를 인지하는 것만으로도 자동반응적 감정을 가라앉히는 힘이 길러진다는 말이다.

우리는 내면의 롤러코스터를 타면서 감정의 모드에 기복이 있다는 사실을 깨닫지 못한 채 하루에도 여러 모드를 이리저리 왔다 갔다 한다. 그토록 다양한 모드를 변화시키는 일은 현재 자신의 감정이 어떤 상태에 있는지를 아는 데서 시작된다.

감정의 수동변속기

아들이 설탕을 너무 많이 먹어 걱정이 됐던 한 엄마가 어느 날 마하트마 간디를 찾아갔다. 엄마는 설탕을 그만 먹을 것을 아들에게 말해주도록 간디에게 부탁했다.

"2주 후에 오세요."

간디가 말했다.

모자가 2주 후에 다시 간디를 찾았을 때 간디는 그녀의 아들에게 설탕을 그만 먹으라고 말했다.

간디는 왜 2주 후에야 그렇게 말했을까? 간디는 엄마에게 이렇게 말했다.

"처음 당신이 나를 찾아왔을 때는 나 역시 설탕을 먹고 있었기 때문이오."

간디는 습관이 바뀔 수 있다는 것을 굳게 믿는 사람이었다. 그는 이런 말을 했다.

"인간으로서 우리가 가진 위대성은 세상을 새롭게 만들 수 있는 능력이 아니라, 우리 스스로를 새롭게 만드는 능력에 있다."

심한 자동차 사고를 당하고 나서 한동안 로빈은 외상후 스트레스 장애 증상들을 보였다. 도로에 나서면 자동차가 자신에게 돌진할지 모른다는 불안감이 그녀를 괴롭혔다.

그렇지만 로빈은 이 문제와 정면으로 마주했다. 그녀는 애리조나로 돌아와 자신을 도와주었던 사람들을 찾아갔다. 그리고 자동차 사고를 당했던 그 길을 다시 걸었다.

"힘든 닷새였어요. 하지만 그럴 만한 가치가 있었죠."

로빈이 말했다.

"사고가 일어난 장소를 보고 그 길을 걸었어요. 우리는 사람들이 매일 하듯이 그 도로를 이용했었죠. 그리고 마침내 저를 아프게 하는 건 그 장소가 아니라는 걸 깨달았어요."

로빈은 이제 세상을 감정의 눈으로 보는 것이 아니라 있는 그대로를 보고 있었다.

"그곳은 단지 이러한 비극이 우연히 일어난 장소일 뿐이라는 걸 알았어요."

그러자 자신의 정신적 외상에 대한 태도에 변화가 생겼다.

"사고에 대한 기억은 제가 계속 지니고 살아야 하는 무엇이 아니에요. 저는 그것을 새롭게 받아들일 수 있고 더 나은 방향으로 가지고 갈 수도 있어요."

그녀는 덧붙였다.

"사고에 대해 언급하는 것을 회피하면 상처는 더 깊어질 것 같았어요. 아무리 부정적인 경험이었을지라도 저는 기꺼이 그것에 관해 이야기하려고 해요. 이제는 커다란 부담으로 느껴지지 않아요. 사고는 이제 제가 다른 사람과 함께 나누며 그들에게 영감을 줄 수 있는 삶의 경험이 되었어요."

로빈처럼 사고가 일어난 장소를 다시 찾는 것은 불편한 기억을 일부러 떠올리게 만드는 외상후 스트레스장애 치료법의 한 가지다. 외상 자체에 정신적으로 다시 다가가는 작업이 중요한 치료 방법 중 하나다. 정신적 상처를 경험한 장면을 다시 찾는 것은 두려운 감정 반응을 긍정적 반응으로 대체하기 위한 시도다. 그것은 궁극적으로는 트라우마를 일으키는 실마리를 없애는 치료로 이어진다.

트라우마 반응을 촉발하는 사건과 기억에 새롭게 다가갈 때마다 기억의 흔적은 생화학적 수준에서 지금까지와는 다르게 작용한다. 뇌가 점차 새로운 회로를 형성하게 되는 것이다. 그럴 때 방아쇠는 힘을 잃어가고 감정은 왜곡을 벗어나게 된다. 마치 감정의 자동변속기를 떼어내고 현재의 상태에 맞추어 수동변속기로 내면을 조절해 움직이는 것과 마찬가지다.

감정을 차분히 바라보는 순간

다이애너는 친한 친구와 뉴욕에서 멋진 주말을 보내고 맨해튼으로 차를 몰고 돌아오고 있었다. 돌아오던 중 그녀는 자신이 좋아하는 농장 직영 마켓에 들러야겠다고 생각했다. 그곳은 신선한 야채를 도시의 10분의 1 가격으로 판매하는 곳이었다.

마켓에서 다이애너는 자신의 이웃을 한 사람씩 머릿속에 떠올리면서 그들이 좋아할 만한 야채를 찾았다. 2층의 나이든 여자, 5층의 게이 커플, 심지어 자신을 미치게 만드는 6층의 이웃에 대해서도 생각했다. 그녀는 그들을 떠올리며 그들이 좋아할 야채를 고른다는 생각에 커다란 기쁨을 느꼈다.

다이애너는 신선한 야채를 한가득 사서 자신의 차에 싣고는 집으로 돌아왔다. 장바구니가 너무 많아 그녀는 아파트 건물 바로 앞의 '주차 금지' 구역에 잠깐 차를 세웠다. 그녀는 몇 차례 엘리베이터를 오르내리며 열심히 장바구니를 날랐다. 다 날랐는가 싶었는데 그만 안경을 차에 두고 온 것을 알고는 마지막으로 차로 내려갔다. 그런데 그녀의 차창에 주차 위반 딱지가 붙어 있는 것이 아닌가?

"그때 저는 '세상이 불공정하다'는 감정에 빠졌어요. 기분이 괴팍해지고 슬퍼지더군요."

그러나 이내 명상센터 리더의 말이 떠올랐다.

"해로운 감정이 솟구칠 때마다 '워!(말을 멈출 때 내는 소리)' 하고 소리쳐 그것을 멈춰 세우세요."

유해 모드에 빠졌다는 것을 알아차린 다이애너는 스스로에게 '워!'

라고 소리쳤다. 자신의 내면에서 일어난 감정의 소용돌이를 멈춰 세우려는 의도였다. 그녀는 자신에게 이렇게 상기시켰다.

'나는 방금 멋진 주말을 보내고 이웃들에게 선물할 신선한 야채를 사면서 커다란 기쁨을 느꼈어. 그 기쁨을 이런 부정적 감정 때문에 망치고 싶지 않아.'

이렇게 생각하자 왠지 가슴에서 변화가 일어나는 것 같았다. 다른 사람을 행복하게 하는 기쁨이 자신을 위로해주는 느낌이었다. 그녀는 언짢은 감정에서 빠져나와 바람직한 반응으로 옮겨갔다. 그녀는 주차구역을 찾아 다시 주차한 다음, 이웃에게 야채를 선물했다. 모두가 그렇게 기뻐할 수가 없었다.

"평소에 나를 미치게 만들던 이웃들까지 눈물을 흘릴 정도로 감동하더군요!"

어느 순간에도 중요한 것은, 자신을 괴롭히는 감정의 모드를 계속 키울 것인가, 아니면 보다 양육적인 방식으로 의도적으로 옮겨갈 것인가 하는 스스로의 선택이다.

어느 내담자가 말했듯이 "부정적인 감정이 휘몰아칠 때 차분히 그것을 바라보는 순간, 기분은 한결 부드러워져요. 광기를 멈출 수 있는 부드럽고 고요한 목소리가 제 안에서 들려옵니다."

자신의 감정을 알아차릴수록 왜곡된 렌즈로 세상을 바라보는 일은 현저히 줄어든다. 매순간 여러 갈래로 갈라지던 감정이, 그것을 알아차리는 순간 안정된 기초에서 연결을 맺는 방식으로 바뀌게 된다. 감정을 알아차리지 못한다면, 우리는 감정의 소용돌이에 무방비로 내

맡겨지는 상황에 빠진다.

감정은 안정 모드에서 우리를 지혜의 빛으로 인도하지만, 부적응 모드에서는 암흑 속에 곤두박질치게 만든다.

북미 인디언들은 그것을 '마음속에 사는 두 마리 늑대' 중에 한 마리를 키우는 것으로 비유했다. 한 마리 늑대는 분개, 시기, 질투, 탐욕, 오만을 상징하며, 다른 한 마리는 지혜, 친절, 공감, 기쁨, 평화, 사랑, 연민을 상징한다. 이는 오늘날 신경과학이 '적응적 방식 대 부적응적 방식', '안정 모드 대 불안정 모드', '기능적 뇌 상태 대 역기능적 뇌 상태' 등으로 부르는 개념과 동일하다.

알아차리려면

언제 부적절한 감정에 빠져드는지 아는 것

고의가 아닌 상대의 말에 모욕감을 느끼거나 격분하는 자신을 차분히 바라본다. 어떤 사건을 두고 걷잡을 수 없는 슬픔을 느끼거나 과도하게 반응하지 않는지 스스로를 지켜본다. 남들은 불안해하거나 화를 내는데 자신은 아무 생각도 들지 않는 멍한 상태로 있다거나, 남들은 기뻐하는데 자신은 울분을 느끼는 것도 부적절한 감정 반응에 해당한다.

자신에게 일어나는 감정을 인정한다. 그것을 숨기거나, 잊으려 애쓰거나, 다른 생각으로 넘어가려 시도하지 마라. 감정이 극도로 고조된 상태에 있든, 아니면 한참이 지난 후에야 깨닫는 순간이든, 바로 그 순간들에 일어나는 일들을 차분히 받아들여라. 자신의 감정이 어느 한 쪽으로 기울거나, 과도한 반응을 보인다거나, 하지 않아야 할 말이나 행동을 하는지 그저 지켜보는 것이다.

정직한 관찰

감정의 모드들은 분명한 정서적 특징들을 가지고 있다. 버림받음에 대한 염려는 불안감을 낳고, 불신은 화를 솟구치게 한다. 박탈감은 슬픔으로 몰고 간다. 지금 자신의 감정은 어떤 모습인가? 매사에 감정이 앞서는 편인가? 앞으로 어떤 감정으로 살고 싶은가? 오늘 무슨 일이 일어났으며, 자신의 말과 행동이 어떠했는가? 누군가와 감정 때문에 다투지는 않았는가? 그때 자신의 감정은 어떤 상태였는가? 상대방이 잘못되었고 자신이 옳았다고 구분 짓지 않는 것이 우선이다. 당혹스러운 상황이 다시 벌어져도, 자신의 감정을 차분히 알아차리는 것만 염두에 두어라.

거슬러 오르기

감정은 여러 가지가 뒤섞여서 하나의 감정이 다른 감정보다 강하게 나타나는 것이 일반적이다. 가령, 현재 강한 분노에 사로잡혀 있다면, 그 분노의 뒤에는 지난주에 상사에게 받은 굴욕감이나 파트너와의 결별, 혹은 먼 과거로 거슬러 올라가 어릴 적 새어머니에게 받았던 서러움이 원인일 수도 있다. 과거의 상처와 슬픔이 그것을 촉발하는 현재의 상황과 맞아떨어지면 분노로 표현된다. 감정의 결과를 보고 낙담하기 전에 그 감정이 솟아나는 원인으로 거슬러 올라가야 한다.

상징적인 원인

흥분한 상태에서 인간의 생각과 반응은 자신도 원하지 않는, 제어하기 힘든 쪽으로 흘러가기 십상이다.

"그가 나를 이렇게 취급하다니!"

"그래, 누가 이기나 어디 한 번 해보자."

부당하게 대우받았다고 느끼는 감정은 울분을 터뜨리고 앙갚음을 다짐하게 만들며, 심한 경우에는 폭력과 살인을 부르기도 한다. 그러나 이처럼 감정이 격렬히 반응할수록 그것은 실제로 일어난 일이 아닌, 어떤 상징적인 현실에서 유래하는 경우가 종종 있다는 것을 깨달을 필요가 있다. 난폭 운전의 원인은 애인으로부터 통보받은 이별의 문자 메시지일 수 있으며, 가족에게 폭력을 휘두르는 가장에게는 회사에서 인정받지 못하는 슬픈 현실이 존재할 수 있다. 실제로 일어난 일이 아닌 상징적인 감정의 원인을 찾는다면 감정을 다스리기는 훨씬 수월해진다.

멈춰 세우기

습관적인 감정 모드를 알아차릴 때마다 의도적인 멈추기를 시도해볼 수 있다. 언짢은 감정의 소용돌이에 빨려들 때마다 '워!' 하고 소리내어 자신을 불러 세워 멈추는 것이다. 아이의 잘못에 자동적으로 반응하여 고함을 지르기 전에, 자신의 감정이 침착해질 때까지 심호흡을 하는 것도 하나의 방법이다. 필요한 것은 자기 감정에 대한 분별 있는 자각이다. 매번 동일한 감정 패턴을 보였던 과거의 방식에 의존하지 말고, 현재의 상황을 있는 그대로 바라보면서 내면에 귀를 기울여볼 일이다.

2

깨어 있음

'깨어 있는 마음'에 해당하는 티베트어는 드렌파drenpa와 세신sesshin, 그리고 바유bayu다.

'드렌파'는 적절한 가르침을 잊지 않고 떠올리는 '기억하기'에 해당한다. 불교심리학자들은 이것을 '어떤 가르침을 기억하기 위해 의도적으로 멈추는 태도'라고 넓혀서 해석한다. 드렌파는 멈추어 마음의 온도를 확인한 후, '지금 무슨 일이 일어나고 있지?'라고 묻는 행동이다.

'세신'은 '깨어 있기'를 의미한다. 이것은 하나의 가르침을 실천에 옮기기 위해 그것과 다시 연결을 맺는 일이다. 세신은 드렌파에서 정보를 취하여 '지금 필요한 것은 무엇이지?'라고 묻는 행동이다. 어떤 지침을 실천하기 위한 준비 작업이 세신이다.

'바유'는 현명한 '실행'이다. 바유는 세신으로 필요한 것을 깨달은 후에 '그것을 어떻게 실천할 것인가?'라고 묻는 단계다.

깨어 있음에서 이 세 가지 요소는 함께 작동해야 한다. 깨달음을 슬기롭게 실천하는 데는 세 요소가 모두 필요하다.

각 단계들은 내면의 교통을 안내하는 일종의 마음 신호등이다. 빨간불(드렌파)은 '멈춤', 노란불(세신)은 '생각', 초록불(바유)은 '행동'이다. 신호들은 매사에 감정의 자동 모드로 반응하지 말고, 멈추어 필요한 것을 분별한 후, 그것을 차분히 생각해 실행하라고 권유한다. 티베트 불교는 세 단계를 연습하면 당면한 순간에 깨어 있을 수 있으며, 마음의 패턴을 바람직하게 변화시킬 수 있다고 가르치고 있다.

깨어 멈춘다는 것

인도 출신의 한 여의사가 유럽에서 일하고 있었다. 그녀는 함께 일하는 남자 의사와 갈등을 겪고 있었다. 남자 의사는 자기 의견이 매우 강했고 언제나 자신이 옳다고 생각했다. 인도인 여의사는 항상 자신의 감정을 억눌러야만 했다. 그녀는 고집이 강한 그 남자 의사에게 자신이 철저히 예속되어 있다고 느꼈다. 그녀는 자신의 감정을 한 번도 드러내어 말하지 못했다.

그녀는 늘 그렇게 회피 모드로 생활하고 있었다. 그 결과 그녀는 현재에서 소외된 듯이 멀어져 있었고, 자신과 상대 의사에 대한 왜곡된 견해에 사로잡혀 있었다. 남자 의사가 그녀에 대한 비판적인 평가를 늘어놓는 동안 그녀는 침묵을 지키곤 했다.

상황은 점점 악화되고 있었다. 참다못한 여의사는 마침내 결심을 했다. 남자 의사를 회피하거나 의사표현을 포기하기보다 합당하게 자기주장을 펴기로 결심한 것이다.

어느 날, 늘 그랬던 것처럼 남자 의사가 권위적으로 다가왔을 때 그녀는 이렇게 응답했다.

"우리는 각자 자기만의 방식을 갖고 있죠. 그리고 내 관점은 당신과 다르고요. 내가 반드시 당신의 의견을 따라야 할 필요는 없다고 생각해요. 저는 당신을 존중해요. 하지만 당신과 같은 방식으로 일하고 싶지는 않아요."

그렇게 말은 했지만, 그녀는 자신의 대응이 상대를 갑자기 당혹스럽게 만든 것은 아니었는지 조금 염려가 되었다. 물론 그녀의 말에는 분명하고 차분한 진심이 깃들어 있었다.

그녀의 반응이 이렇게 바뀌자 놀랍게도 상대 의사에게도 변화가 일어났다. 다음 날 남자 의사는 그녀에게 사과를 하러 왔다. 그동안 자기 의견만 내세운 것이 미안하다고 했다. 그는 또 그런 태도가 순전히 자신의 문제라는 걸 깨닫게 하고 그것을 직접 보도록 한 것은 그녀였다고 말했다. 그는 여의사에게 고맙다고도 했다. 여의사가 자신의 습관적인 모드 반응을 바꿈으로써 상대 의사의 변화까지 이끌어낸 것이다.

자기 감정의 모드와 더 친숙해질수록 우리는 자신의 부정적 모드에 어떻게 대처해야 하는지 더 쉽게 깨닫게 된다.

거의 무의식적으로 표출되던 자동적인 감정 습관을 '의식의 표면으로 가져오는 일(깨어 멈추기)'은 감정의 통제권을 뇌의 기저핵에서 전두엽으로 옮기는 일이다. 모든 감정 습관을 변화시키는 첫 단계는 이러한 '깨어 있는 멈춤'이다.

깨어 멈춤으로써 우리는 한발 물러나 자신에게 이렇게 물어볼 수 있다.

'이것이 내가 정말로 원하는 것인가?'

깨어 멈추기는 일시적으로 감정에 틈을 만드는 일이다. 곧 끊어질 것처럼 팽팽하게 잡아당겨진 고무줄을 살짝 느슨하게 만드는 것으로도 비유할 수 있다. 틈과 느슨함은 여유의 다른 표현이다. 그때 우리는 더 차분하게 자신의 감정을 알아차릴 수 있고, 결정을 내리는 선택의 폭도 넓힐 수 있다. 자신의 습관적 모드가 다시 촉발되었다는 것을 더 알아볼수록, 스스로 의도적인 변화를 만들어내기도 더 쉬워진다.

현재를 인지하는 도구

다이애너 브로더릭은 맨해튼에서 활동하는 인테리어 장식가다. 그녀는 얼마 전 고객의 집을 리모델링한 적이 있었다. 그로부터 며칠 후, 깜박 잊고 그곳에 사다리를 두고 온 사실이 생각났다.

고객이 외출 중이었지만 그녀는 고객의 동의를 얻어 사다리를 찾으러 갔다. 문을 열고 들어가자마자 경보음이 울리기 시작했다. 그런데 고객이 가르쳐준 비밀번호가 생각나지 않았다. 다이애너는 어찌할 바를 모른 채 그 자리에서 굳어버리고 말았다. 경찰이 와서 그녀를 체포할까봐 무서웠다. 다시 한 번 비밀번호를 기억해내려 했지만 생각은 더 막혀오는 듯했다.

급한 마음에 고객에게 전화를 걸었지만 연결이 되지 않았다. 그때 그녀가 할 수 있는 것이라고는 경찰이 오면 지금 자신이 처한 상황에 대해 조리 있게 설명하는 것뿐이었다.

명상센터의 수강생이기도 했던 다이애너는, 당황스럽고 불안한 순간 심호흡과 명상을 시도하라는 조언이 떠올랐다. 몇 차례 심호흡을 하자 자신의 마음을 옥죄고 있는 불안이 알아차려지기 시작했다. 그녀는 바로 그 자리에 앉아 자신이 배웠던 명상을 시도했다. 그것은 호흡에 온전하게 주의를 기울이면서 생각의 흐름에 집중하는 것이었다. 그녀는 자신의 마음을 관찰하기 시작했다. 그러자 귀를 때리는 따가운 경보음도 그리 당혹스럽게 느껴지지 않았다. 짧은 순간이지만 마음은 고요해지고 편안해지는 것 같았다. 마음이 가라앉자 기적처럼 비밀번호가 떠올랐다. 그녀는 일어서서 번호를 입력했다. 아직 경찰은 오지 않았다.

다이애너의 행동은 깨어 있기의 세 단계를 잘 보여준다. 그녀는 일단 멈추어 자신의 의식(드렌파)과 연결을 맺었다. 그녀의 의식은 지금 무엇을 해야 하는지 알고 있었다(세신). 그리고 그녀의 현명한 선택(바유)은 자신의 호흡을 가다듬도록 이끌었다. 불안을 차분히 진정시키자 그녀의 마음에 빛이 스며들었다.

깨어 있을 때 우리는 마음과 맺는 관계를 변화시키게 된다. 감정의 습관적 패턴에 갇히는 대신, 그것을 있는 그대로 '보는' 것이다.

깨어 있는 마음으로 멈추는 것은 자신의 감정이나 의도에 주파수를 맞추는 일일 수도 있고, 아니면 지금 의식에서 가장 분명하게 드러나는 것에 주의를 기울이는 일일 수도 있다. 이렇게 자신의 감정에 깨어 있으면 스스로를 가둬놓는 습관적 모드에서 빠져나와 자동 반응적인 행동을 멈출 수가 있다.

깨어 멈추기는 과거의 경험에 대한 집착에서 한 발짝 물러나, 현재 자신의 내면과 주변에서 벌어지는 상황을 자각하는 일이다. 설령 불쾌한 모드의 손아귀에 있을 때라도 우리는 깨어 멈춤으로써 현재 필요한 것을 선택할 수 있다. 무엇을 해야 하는지 더 쉽게 떠올릴 수 있으며, 필요한 것을 실천에 옮길 수 있다. 이 조치 하나만으로도 감정의 모드가 가진 장악력을 깨트리고, 현재의 순간을 명료하게 인지하는 충분한 조건이 갖추어진다.

습관을 바꾸는 습관

메리 베스는 2주간의 '깨어 있기' 수련회에 참가했다. 거기서 그녀는 자신의 마음에서 일어나는 생각과 느낌을 알아차리는 법을 배웠다. 그녀에게는 매번 실망을 안겨주는 한 친구가 있었다. 약속을 지키지 않는 것은 물론, 서슴없이 거짓말을 일삼는 친구였다. 그녀는 골칫거리인 친구에게 자신이 배운 깨어 멈추기를 시도해보기로 마음먹었다.

"친구에 대해 마음속에서 평가를 내리려는 순간, 일단 멈추어 감정을 끊어보았어요. 그러자 나 역시 부정적인 것을 마구 퍼뜨리는 사람 중의 한 사람이라는 생각이 들더군요."

그녀는 지나치게 반응하거나 끝없이 내달리는 생각의 기차에 올라타지 않았다. 그녀에게 일어나고 있던 것은 끝없는 판단의 흐름이었다. 거기에는 자신에 대해, 다른 수행자들에 대해, 명상 지도자에 대해, 자신의 옷에 대해, 다른 사람의 옷에 대해, 깔고 앉는 방석에 대해, 심지어 점심식사 때 나온 두부에 대한 것들도 포함되어 있었다. 의식에 들어온 모든 것이 그녀의 비판의 대상이었다.

그랬던 그녀가 깨어 멈추고 평정의 마음을 유지하는 법을 배운 것이다. 그녀는 자기가 이런 평가를 내릴 필요가 없다는 것을 알았다. 그녀는 그것들을 있는 그대로 놓아둘 수 있게 되었다. 그녀의 일상에서 깨어 있는 멈춤은 습관이 되어갔다. 원래의 습관적 감정이 고개를 들 때마다 깨어 멈추기를 시도한 것이다.

만일 당신에게 아침에 일어나 잠자리를 정돈하지 않는 습관이 있다면, 내일 아침에는 (속는 셈치고) 몸을 굽혀 팔을 뻗고 이불을 개어 제자리에 두는 동작을 하면서 당신의 움직임들을 스스로 살펴보라. 이불을 정돈하면서 다른 것에 마음을 흐트러뜨리지 말고, 오직 이불 개는 동작과 움직임만 면밀하게 관찰한다. 당신이 그 순간 무엇을 하고 있는지를 깨닫기 위해서다. 어떻게 느껴지는가? 예전보다 정리가 잘 된 데에 브상의 감정이 느껴지는가?

처음에는 이부자리를 정돈하는 일이 다소 시간낭비로 여겨질 수도 있다. 아침 시간은 하루 일을 계획하는 더할 나위 없이 유용한 시간이니 말이다. 하지만 아무 생각 없이 하는 이런 일상의 동작들은 의식이 깨어나 멈추게 할 수 있는 현명한 시간이 될 수 있다.

부적응 모드는 마음속에 일종의 억압을 만들어낸다. 억압에 사로잡혀 있는 동안은 그것이 자신을 가두고 있다는 사실을 우리는 눈치채지 못한다. 그것은 깨어 멈추어 살펴보는 순간부터 비로소 자각되기 시작한다.

두 번째 감정

한 내담자가 냉담한 어조로 이렇게 말했다.

"제 마음은 못된 이웃 같아요. 그래서 저는 혼자 거기에 가지 않으려 하죠."

하지만 깨어 있을 수만 있다면 우리는 혼자가 아니다. 깨어 있기는 내면 여행을 도와주는 든든한 동료임에 분명하다. 깨어 있기는 감정이 부정적 모드에 갇혀 있을 때도 상황의 외관이 아니라 실제의 모습을 인식하도록 돕는다.

자신의 어린 아들의 등을 자주 쓰다듬어주던 수행자가 있었다. 그녀는 아이의 등을 쓰다듬으면 서로 연결이 되는 듯한 사랑의 느낌이 샘솟는 것 같았다. 그러는 중에 그녀는 문득 자신의 마음을 들여다보게 되었다. 그러자 유감스럽게도 아이의 등을 쓰다듬는 마지막 몇 분 동안, 그녀는 매번 자기 책망이라는 모드에 빠지고 있음을 알게 되었다. 그때마다 그녀는 불안 모드를 반복해서 오가고 있었다. 그녀가 말했다.

"저는 아들의 등을 쓰다듬으면서 사랑을 느끼고 있지 않았어요. 제가 항상 느끼는 것은 주변에서 벌어지는 온갖 사소한 문제들이 모두 제 잘못이라는 자책감이었어요."

깨어 있기는 일종의 정신적 면역시스템 같아서 감정의 영역을 순찰하면서 거기에 침범한 불온한 침입자를 내쫓는 역할을 한다.

해변에서 깨어 있기를 수행하던 로니는 이렇게 말했다.

"파도 속으로 걸어 들어가는데 발에 해초가 감기는 게 너무 끔찍했어요. 바위도 싫었고요. 순간 혐오 모드에 사로잡힌 거죠. 하지만 그런 저의 감정을 알아차리면서 빼어난 주변 경관의 아름다움으로 눈길을 돌리자 신기하게도 혐오감이 사라지더군요."

그녀는 자신을 혐오 모드로 이끄는 감정에 의문을 던지면서 그것이 객관적 증거가 있는지 살폈다고 했다. 그것이 타당한 논리를 가진 것인지, 다른 대안적 감정이 가능하지는 않은지 살펴보았다. 그녀가 깨달은 것은 해초나 바위 자체에 본질적으로 부정적인 무엇이 존재하는 것이 아니라는 사실이었다.

깨어 있기는 자기중심에서 초점을 거두는 일이다. 자기중심에서 벗어나는 일은 불교 수행과 인지치료에서 공통적으로 사용되는 방법이다. 모든 것을 자기 관점에서 생각하는 성향으로부터 벗어날 수 있다면 감정의 부정적 모드는 상당 부분 진정될 것이고, 그러면 문제는 훨씬 덜 강박적으로 느껴질 것이다. 이때 우리의 정신 에너지는 느긋해지고 부드러워진다. 타인을 더 이해하고 공감하게 되며, 분개와 걱정은 연민으로 대체된다.

열쇠는 우리의 최초 반응이 아니라 두 번째 감정(재평가)에 있다. 삶에서 일어나는 곤란한 일들은 그것을 어떻게 인식하느냐에 따라 고뇌의 원천이 될 수도 있고, 그저 좋은 이야기의 재료가 될 수도 있다. 두 번째 반응에 따라 뇌는 기어를 바꾸어 전두엽 영역을 활성화시킨다. 처음의 습관적 감정이 주도권을 잡도록 내버려두는 대신, 사건들이 자신에게 영향을 미치는 방식에 보다 사려 깊은 형성자가 되는 것이다. 모드의 굳어진 틀에 따라 반응하는 게 아니라, 가능한 모든 각도에서 사태를 이해한 다음 '있는 그대로의 모습'에 반응하는 것, 그것이 '깨어 있기'다.

부정적 모드에 장악당한 상태에서 생각과 느낌은 눈 깜짝할 사이에 지나간다. 그때 우리는 자신의 생각과 느낌, 행동의 선택권을 거의 갖지 못한다. 하지만 깨어 멈추면 시간은 충분한 여유를 머금은 채 아주 천천히 흐르는 것처럼 느껴진다. 내면의 자유로 향하는 길이 더 넓게 열리는 것이다.

일상에서 깨어 있음

티베트 스승 아듀 린포체Adeu Rinpoche는 깨어 있기의 기본 목적에 대해 이렇게 말했다.

"우리는 내일 아침에 어떤 일이 벌어질지 알 수 없습니다. 그것은 항상 새로운 무엇입니다. '깨어 있다'는 것은 그 순간에 일어나는 일을 자각하며 알아차리는 것입니다. 존재하고 있는 것을 무엇이든 그저 알아차리는 것 외에 깨어 있기의 다른 목적은 없습니다."

깨어 있기를 연습하는 초기에는 효과가 순간적으로 나타났다 이내 사라지는 것처럼 보일지 모른다. 그러나 자꾸 불을 지피는 것이 이 수련의 핵심이다. 깨어 있기를 반복하면 마음의 안개는 반드시 사라진다. 깨어 있기는 자각의 광선을 날카롭게 만들어 자신의 마음에 다시 비추는 작업이다.

우리는 하루에도 잠깐씩 깨어 있기를 시도해볼 수 있다.

예컨대 걸으면서 깨어 있기가 그것이다. 한 방향으로 천천히 걷는 동안 몸에서 느껴지는 감각에 주의를 기울이고, 멈춰 서서 돌아서려는 자신의 순간적인 의도를 면밀히 관찰해보는 식이다. 이때 걷기는 특정한 목적지에 도달하려는 것이 아니다. 걷는 과정 자체에 주의를 기울이는 것이 목적이다. 걸으면서 습관적 모드가 자신을 장악하려는 순간을 알아보는 것이다.

깨어 있으려면

호흡에 깨어 있기

살아있는 한 우리는 숨을 쉬어야 한다. 호흡에 깨어 있기란 최대한 호흡의 패턴을 바꾸지 않으면서 자연스럽게 호흡에 주의를 모으는 일이다. 눈을 지그시 감고 앉아 몸에서 호흡이 느껴지는 곳에 주의를 모은다. 숨을 내쉬고 들이쉴 때 움직이는 아랫배와 가슴에 집중한다. 생명을 유지하는 근원에 해당하는 숨을 들이쉬고 내쉬는 과정에 조용히 집중하는 마음이 깨어 있기의 시작이다.

최대한 긴장을 풀고 들숨과 날숨이 자연스럽게 이어지도록 숨을 쉬면서 호흡을 할 때마다 새로운 자신을 느껴본다. 호흡에 집중하는 일은 마음이 흐트러질 때마다 원래의 자리로 되돌릴 수 있는 성찰 같은 작업이다.

'호흡에 깨어 있기'는 반드시 격식을 갖춘 명상의 형태가 아니어도 된다.

언제 어디서든, 스트레스를 받은 즉시 실시해도 좋고, 아침이나 저녁에 편안한 시간을 정해 실시해도 좋다. 그리고 매일 매일이 아닌, 시간이 날 때마다 시도해도 상관없다. 호흡은 생명의 기본으로서, 깨어 있는 마음도 그 기본에서 출발한다.

소리에 깨어 있기

깨어 있는 영역을 호흡에서 소리로 옮겨 소리에 귀를 기울여본다. 그저 소리를 듣는 데만 주의를 기울인다. 그 소리가 어디에서 들려오는지 어떤 소리인지는 개의치 말고, 소리 중에 가장 또렷하게 들려오는 소리가 있다면 그저 그 소리에 머문다. 그것이 즐거운 소리든 괴로운 소리든, 혐오하거나 버티거나 들러붙지 말고, 그 소리를 듣는 자신의 감정에만 주의를 기울인다.

소리가 나타났다 사라지는 동안 자신의 감정을 관찰하는 연습은, 누군가의 말에 대해 자신의 감정을 조절하는 연습이 된다. 몇 번 시도해보면 신기하게도 효과적으로 감정을 다스리는 방법이라는 것을 알 수 있다.

생각에 깨어 있기

생각의 흐름에 주의를 기울인다. 꼬리에 꼬리를 무는 생각에 끌려들거나 저항하지 말고, 그러한 생각이 일어나는 것을 그저 알아차리면서 지켜보는 것이다.

끝없이 이어지는 것이 생각이다. 긍정적인 생각이든 부정적인 생각이든, 생각은 한없이 비슷한 양상의 시나리오를 그리며 머릿속을 맴돈다.

긍정이든 부정이든 한 곳을 맴도는 생각은 현실을 왜곡할 가능성이 높다. 자칫 그것은 자기 안에서 몽상으로 발전할 수 있다.

그저 생각을 나타났다 사라지는 구름 정도로 여긴다면, 긍정적인 생각의 소용돌이에 걸려 흥분을 하거나 부정적인 생각에 사로잡혀 침울해하는 위험을 줄일 수 있다. 현실적인 생각에 현명하게 깨어 있는 태도를 지니게 되는 것이다.

식습관에 깨어 있기

뇌과학자들은 인간 행동의 반 이상을 무의식적인 습관에 의한 조건반사적 행동으로 규정한다. 살면서 하는 행동의 반 이상이 자신도 모르는 사이에 습관적으로 이루어진다는 말이다.

무엇이든 사납게 먹어치우는 폭식증暴食症도, 음식을 거부하는 거식증拒食症도 감정의 알고리즘에 상처를 입어 생기는 마음의 병이다.

이들 증상을 치유하려면 마음의 치유가 먼저 이루어져야 한다. 마음의 치유를 위해선 습관처럼 굳어지거나 굳어져가고 있는 식습관을 우선 살펴보아야 한다.

무엇이든 자신이 가장 좋아하는 음식 한 가지를 식탁위에 올려놓는다. 거식증의 경우 건포도 몇 알을 접시에 담아 식탁에 두고 시작한다.

먼저 포크나 손으로 그 음식을 집는다. 그리고 음식의 빛깔, 모양새, 크기 등을 가만히 들여다보면서 자신의 감정을 찬찬히 느낀다.

그런 다음 음식을 입술에 댄다. 따뜻한가, 아니면 차가운가? 건조한가, 아니면 물컹한가?

자신은 왜 이 음식에 집착하는가? 아니면 왜 이 음식을 거부하는가? 다시 자신의 감정을 헤아려본다.

이제 입을 벌려 음식을 입안에 넣고 입술과 이, 혀의 움직임에 주의를 기울이면서 음식을 씹고 삼킨다. 입안 가득한 음식의 맛, 새콤하거나 달콤하거나 쫄깃하거나 물컹한 촉감이 느껴졌을 것이다.

이제 다시 감정으로 돌아와, 자신이 왜 이 음식에 집착하거나 그것을 거부하는지, 과거나 현재의 충족되지 못한 욕구가 숨어 있는 건 아닌지 살펴본다. 폭식이나 거식의 원인을 찾지 못해도 상관없다.

여기서 우리의 목적은 음식에 대한 감정을 조절하기 위함이다. 음식에 대한 과도한 집착이나 도외시하는 감정을 다스리는 것 말이다.

음식을 아주 천천히 모양과 색깔과 맛을 느끼면서 먹는 훈련만으로도 폭식을 웬만큼 통제할 수 있다는 게 전문가들의 공통된 의견이다. 그러기 위해선 같은 양의 음식 섭취 시간을 미세하게 늘려가는 것도 한 방법이다. 동일한 분량의 한 끼 식사 시간을 주週 단위로 늘려가는 것이다. 음식을 천천히 입에 가져가고, 천천히 씹고, 천천히 삼키는 것이다. 시간이 어느 정도에 맞춰지면 이번에는 양을 주 단위로 줄여간다. 이 과정에서 식습관에 대한 깨어 있는 마음이 기지개를 편다.

일상의 활동에 깨어 있기

조용한 명상이나 음식 섭취 등 비교적 집중이 쉬운 활동을 할 때는 깨어 있기가 수월할지 모른다. 문제는 일상적인 활동에서 어떻게 온전히 깨어 있을 수 있는가 하는 것이다.

일상의 능동적인 활동의 가장 기본은 걷기다. 일상의 많은 활동들에서 깨어 있으려면 먼저 걷기에서 깨어 있기를 연습해볼 필요가 있다. 걷는 데 마음을 모으는 일은 주의를 기울여 음식을 섭취하는 일과 마찬가지로, 일상의 활동에서 무의식적으로 반복되는 습관을 알아차리는 훈련이 된다. 주의를 기울여 걸어보면 깨어 있기가 지닌 속성을 어떤 활동에라도 적용할 수 있는 실질적인 교훈을 얻을 수 있다.

주의를 기울여 걷기의 또 하나 이로운 점은 뇌의 잠재적인 에너지 수준이 높아진다는 데 있다. 주의를 기울여 걸으면 감정의 흥분도 더 쉽게 가라앉는다. 여기서 걷기의 목적은 어딘가를 가는 데 있는 것이 아니라, 걷는 과정에서 일어나는 감정 자체를 알아차리는 데 있다.

3

받아들임

런던의 한 대형 뮤직홀에서 유명한 작곡가이자 지휘자인 존 윌리엄스John Williams가 런던심포니오케스트라를 이끌며 자신이 작곡한 사운드트랙을 지휘하고 있었다. 세계적인 연주자들의 더할 나위 없이 정확한 연주를 객석에서 듣는 일은 커다란 감동이었다. 연주자들이 각자의 역할을 다하며 전체에 기여하는 모습에 청중들은 매료되었다.

그 모든 하모니의 중심에는 지휘자가 있었다. 그 순간에 윌리엄스는 음악 집단의 제왕으로서 각각의 연주자들에게 주의를 기울이는 동시에, 전체로서의 오케스트라를 움직이면서 빈틈없는 조화를 이끌어내고 있었다. 지휘 자체가 흠잡을 데 없는 뛰어난 예술처럼 보였다.

지휘자는 눈에 잘 띄지 않으면서도 위풍당당하게 언제 멈춰야 하고 언제 힘을 불어넣어야 하는지 알고 있어야 한다. 그럴 때 오케스트라는 우아한 흐름처럼 자연스러워진다. 지휘자는 자신의 팔을 내리며 음량을 낮추기도 하고 팔을 들어 소리를 높이기도 한다.

인간의 내면도 오케스트라를 닮았다. 우리는 모두 자기 내면의 지휘자들이다. 우리는 마음속 온갖 감정의 소리들을 조율하는 감독관으로서 오케스트라의 지휘자와 비슷한 역할을 하고 있다. 마음의 지휘자도 오케스트라의 지휘자처럼 지금 무엇이 필요한가에 귀를 기울이고, 그것에 주파수를 맞추어 감정을 높이거나 낮춘다.

감정의 지휘자가 위치하는 곳은 이마가 덮고 있는 신피질의 전두엽 부위다. 전두엽 피질은 뇌의 다른 부위들과 촘촘히 연결되어 있어 뇌의 전체 작용을 조감하는 데 특히 유리하다. 이러한 연결망을 통해 전두엽 피질은 뇌의 주요한 실행자 혹은 관리자 역할을 한다. 오케스트라에서 온갖 악기를 지휘하는 지휘자처럼 전두엽은 뇌 전체를 조화롭게 운영하고 관리한다.

목표와 목적, 동기에 대한 감각, 삶의 모험과 도전에 직면하여 창의적으로 계획하고 사고할 수 있는 능력은 모두 전두엽 덕분이다. 전두엽은 계산이나 새로운 아이디어를 내는 것에서부터, 문자 메시지를 보내고 과자를 굽는 일에 이르기까지 수많은 활동들을 조율한다.

형상, 소리, 맛, 냄새, 촉감, 생각 등 수많은 자극들의 조합에 압도당하지 않고 그중에 무엇이 중요한지 선별하고 적절히 처리하는 곳도 전두엽이다.

뇌의 나머지 부의를 이끄는 역할을 한다는 점에서 뇌과학자들은 전두엽을 '실행 기능부'라고 부른다. 뇌 속 회로들은 함께 모여 마음의 실행 위원회를 구성하는 것 같다. 고도로 효율적인 집단에서처럼, 이 위원회의 구성원들도 각자 다음과 같은 독특한 강점과 능력을 갖고 있다.

- 무엇을 알아보고 무엇을 간과할지를 결정하는 주의(attention) 기능
- 어떤 대상에서 일정한 패턴과 의미를 감지해 감각세계를 정교하게 다듬는 평가(appraisal) 기능
- 대상에 대해 이해할 수 있도록 이야기를 들려주는 이해(understanding) 기능
- 특정 대상을 다른 대상보다 더 중요하게 생각하는 동기부여(drive) 기능
- 무엇을 할 것인지 결정하고 행동을 이끄는 결정(decision)과 실행(execution) 기능

요컨대 전두엽의 회로는 주의를 일정한 방향으로 향하게 하고, 인식하는 대상을 평가하며, 그에 대한 이해를 말로 표현하게 하고, 행동하도록 하며, 무엇을 해야 할지 결정하며, 그로 인한 행동을 인도한다. 그것을 불고심리학적으로 말하면, 감정 습관 변화의 핵심 단계인 드렌파, 세신, 바유는 모두 이러한 실행 기능을 작동시키는 것이다.

우리는 감정의 습관이 원시적 네트워크인 뇌의 기저핵이 조종하는

자동적 반복 행위라는 사실을 이미 살펴보았다. 전두엽 부위의 활성화는 이 해묵은 습관을 들춰내 주의라는 밝은 빛 아래로 그것을 가져간다. 그곳에서 전두엽은 그것을 재평가하고, 그것이 지닌 문제점에 대해 이해하며, 변화해야겠다고 결정을 내리고, 행동으로 옮기게 된다.

결론적으로 말하면 감정의 모드를 변화시키는 가장 중요한 부위가 바로 전두엽이라는 말이다. 뇌과학자 엘크호넌 골드버그Elkhonon Goldberg의 말처럼 "전두엽은 나를 과거에서 해방시켜 더 나은 미래로 향하는 길을 찾게 만드는 힘을 지녔다."

깨어 있는 4분의 1초

충동 조절에 관한 '마시멜로 실험' 이야기를 듣고 한 워크숍 참가자가 웃으며 말했다.

"어떤 일을 하는 도중에 인터넷 충동이 일어나면 저는 자신에게 이렇게 말했어요. '지금 인터넷을 하지 마. 몇 시간 후면 지금보다 두 배 더 길게 할 수 있어!'"

우리의 뇌에는 처음부터 각인이 되어 있는 설계에 따라 사려 깊은 분별과 충동 사이에 매번 실랑이가 벌어진다. 대뇌 변연계는 충동을 부추긴다.

'지금 질러버려. 나중에 갚으면 돼!'

이 신경회로는 즉각적인 보상에 반응하며, 나중의 결과를 무시한다. 반대로 전두엽은 분별력을 관장하며, 즉각적인 기쁨뿐 아니라 장기적인 결과를 함께 고려한다.

충동 모드의 신경학적 뿌리는 보상 회로에서 시작된다. 이 회로는 업무시간에 유튜브를 즐기는 것처럼, 죄스러운 기쁨을 좋아한다. 이때 전두엽이 끼어들어 그러한 유혹에 더 신중하라고 제동을 건다. 그러면 우리는 일단 멈추어, 변연계의 충동과 전두엽 피질의 사려 깊음 사이에서 고민하다가 어느 한 쪽을 선택하게 된다.

맛있는 마시멜로를 먹고 싶은 유혹을 참고 기다리는 어린아이처럼, 만족을 지연시키는 멈춤은 전두엽의 분별 기능이 작동하고 있음을 의미한다.

우리는 살아가면서 종종 건강하지 못한 모드를 제어할 필요가 있는데, 특히 자신이 바라는 삶의 모습과 현실이 갈등을 일으킬 때 그러하다. 이때 감정의 습관에 이끌려 행동하지 않고 그것이 자연스럽게 소모되도록 만들 수만 있다면 습관의 영향력을 크게 줄일 수 있을 것이다.

신경생리학자 벤저민 리벳Benjamin Libet은 인간이 손가락을 움직일 때, 자신의 의도를 자각하고부터 실제로 손가락을 움직이기까지 0.25초의 시간이 걸린다는 사실을 알아냈다. 그런데 이 0.25초는 자신의 의도를 자각했지만 그것을 행동으로 옮기지 않을 수도 있는 시간이다. 어떤 이는 그것을 '마법의 4분의 1초'라고 불렀는데, 불교심리학에서는 그것을 '깨어 있는 4분의 1초'라고 말한다.

선구적인 불교심리학자 윌리엄 제임스William James는 "울화를 겉으로 드러내는 것을 거부해보라. 그러면 그것은 자연스럽게 소멸할 것이다."라고 말하고 있다. 울화를 다스리기 위해서는 충동과 행동 사이에 '간격'을 만들어 감정의 제어능력을 키울 필요가 있다는 말이다.

그 간격으로서 현대의 불교심리학은 '깨어 있는 4분의 1초'에 주목하고 있다. 4분의 1초를 무시하면 충동은 곧장 행동으로 이어진다. 찰나 같은 4분의 1초를 다스림으로써 과거에는 자동 반응적 명령을 받았던 감정이 신중하게 변화될 수 있다는 것이다.

현명한 분별력

보고 싶었던 친구 몇 명이 시내에서 모임을 갖는다는 소식이 들려왔다. 나는 일 때문에 모임에 참석하기 어려울 것 같아 적잖이 실망하고 있었다. 그렇게 열심히 일만 하는 동안, 친구들로부터 소외되는 건 아닌가 하는 불안한 느낌이 들었다.

그러던 중 한 친구가 내게 전화를 걸어 모임에 오라며 재촉했다. 나는 하루 정도 휴식을 갖는 것도 나쁘지 않겠다고 생각해 모임에 갈 준비를 시작했다. 모임은 꽤나 기대되었다. 좋은 친구들을 만나고 그들과 함께 어울리는 기쁨을 머릿속에 그려보았다. 그런데 모임 예정일의 날씨를 확인해보니 심한 폭풍우가 몰려온다고 했다. 나는 다시 망설이기 시작했다.

당시 나는 불교의 연기緣起, the chain of dependent origination ; 생각과 욕망이 행동을 낳게 되는 과정와 마음의 인과법칙에 대해 연구하는 중이었다. 고대의 습관 변화 모델인 연기와 인과법칙은 불교심리학의 핵심에 있는 것으로, 깨어 있는 상태의 힘을 감정 습관의 변화에 적용하는 것이다. 유쾌한 일이 있을 때 마음은 즐거운 이야기를 지어낸다. 그런데 문제는, 상황은 고정적이지 않고 항상 변화하며 그에 따라 대본도 다시 짜야 한다는 사실이다.

나는 마음속에서 일의 순서를 짚어보고는, 험한 날씨로 인한 미끄러운 도로를 상상했다. 그러자 나의 감정이 모임에 참석하고 싶은 열의를 잃기 시작했다. 미련은 남았지만 친구들의 모임에 가지 않기로 결정을 내리고 대신에 집에서 일에 집중하기로 했다.

그것은 내 마음속에서 상영하고 있던 영화를 다시 감는 것 같았다. 나는 좋고 싫음을 염두에 두지 않고, 있는 그대로의 사실만 고려하기로 했다. 나중에 모임이 '실제로' 어떻게 되었는지 물어보니 친구들 대부분이 가지 않았다고 들었다. 있는 그대로의 사실로서 순서를 정돈하자, 내가 '가지 않은' 것이 결론적으로 더 잘한 일이 되었다 나는 집에 있었고 그 시간에 이 글을 썼다.

끊임없이 변화하는 삶이라는 드라마에는 '그런 것처럼 보이는' 것이 있고, '실제로 그런' 것이 있다. 삶의 드라마에서 '세신(깨어 있음)'으로 얻을 수 있는 마음의 도구는 '현명한 분별력'이다. 이것은 감정의 모드가 내리는 가정假定을 단순히 사실로 받아들이기보다, 그것을 충분히 살펴보는 것을 의미한다. 현명한 분별력은 습관이 우리를 행동하게 만들기 전에 그 신호를 미리 포착하는 마음이다.

분별력은 통찰을 작동시킨다. 감정으로 흐려지지 않고, 관심과 결린 마음으로 있는 그대로의 것들을 구분해낼 수 있는 힘이 통찰이다. 우리의 내면을 투사한 드라마가 반드시 실제와 일치하는 것은 아니라는 사실을 인정하면 분별 있는 선택도 그만큼 수월해진다.

서로 다른 선택지의 장단점을 가늠하여 한 쪽의 문제점이 드러나면 그에 대한 습관적인 반응을 변화시키려는 마음이 분별력이다. 분별력을 기르면, 의도는 훨씬 더 좋은 결과로 이어질 수 있다.

걱정을 계속해서 곱씹는 사람이 있다. 걱정을 곱씹는 일은 문제해결에 아무런 도움도 안 되는데, 그것은 왜곡된 사고의 반복적 패턴으로서 불안과 우울을 증가시킨다. 그러나 이때 '있는 그대로'를 바라보는 '현명한 분별력'을 발휘하면 걱정거리에 건설적으로 관여해 문제해결에 좀 더 합리적으로 나설 수 있다. 똑같은 걱정 속에 지속적으로 맴도는 대신, 거기서 한발 밖으로 벗어나는 것이다.

생각의 곱씹기에 갇히면 바람직한 방향으로 바뀌고 싶다는 강한 열망을 품어도 실제로는 긍정적인 변화를 일으키지 못할 위험이 높아진다. 곱씹기가 감정 습관에 얼마나 해로운 것인지 단적으로 보여주는 연구도 있었다.

심리연구가인 웬디 트레이너Wendy Treynor와 리처드 곤잘레스Richard Gonzalez, 수잔 놀렌 획시머Susan Nolen-Hoeksema의 연구에 따르면, 기분이 가라앉거나 화가 날 때 그것을 자꾸 곱씹는 사람은 우울증에 걸릴 확률이 훨씬 높았다. 이와 반대로, 화가 나더라도 분별력을 유지하는 사람은 우울증에 걸릴 확률이 훨씬 낮았다.

힘든 경험으로부터 사람들이 무엇을 배웠는지를 살펴본 심리학자 모니카 아델트Monika Ardelt는 '일상의 지혜'에 관한 연구에서, 더 현명한 사람들은 경험에서 한발 물러나 차분히 반성하면서 하나의 문제를 자신들이 해결할 수 있는 문제로 인식한다는 사실을 밝혀냈다. 게다가 그들은 사태가 어찌할 수 없을 때는 곤경을 있는 그대로 받아들였다.

조절이 가능한 감정과 분별력은 마음의 감독관으로서 함께 작용한다. 조절의 중심에는 공감과 연민이 있다. 불교심리학적으로 볼 때 연민은 가슴과 마음의 고요한 공간을 키워 다시 분별력을 증가시키는 시너지를 일으킨다. 분별력 때문에 연민의 이익이 더 분명하게 되돌아오는 것이다.

티베트 불교의 17대 카르마파는 "자신이 무엇을 해야 하는지 알고 싶을 때면, 멈추어 마음이 그 안에서 쉬도록 하면서 무엇이 움직이고 무엇을 느끼는지 보라."고 말한다. 자기 스스로에게서, 즉 자신의 '지혜'로부터 지침을 얻으라는 말이다.

우리는 필요한 통찰을 자기 안에 이미 가지고 있는 경우가 많다. 단지 통찰이 표면으로 드러날 정도로 충분히 오랫동안 자신의 마음에 주의를 기울이지 않았을 따름이다. 다른 곳으로 마음이 흩어지거나, 정답을 찾아 매번 바깥에서만 헤맸기 때문이다.

그저 받아들이는 마음

어느 날 아침, 나는 기분이 좋지 않은 상태로 잠에서 깼다. 아주 사소한 일들이 나의 마음을 괴롭히고 있었다. 마실 차는 다 떨어졌고, 마음을 불편하게 하는 뉴스를 들었으며, 소식을 듣지 못해 그룹 여행에서 제외되어 있었다. 나는 성마르게 반응하며 좌절감으로 불평을 내뱉고 있었다. 내가 생각하는 모든 일들이 혐오 렌즈로 걸러지고 있는 느낌이었다.

이런 불평 모드로 감정이 굳어져가는 것을 느끼면서 나는 생각했다.

'오늘 하루가 어떨지 뻔하군.'

그런 다음 나는 또 생각했다.

'정말로 이렇게 하루를 살아야 하나?'

그때 나는 나의 내면의 아이가 무너지려는 것을 보았다.

이토록 감정이 부정적 모드에 사로잡혀 있을 때 필요한 것은 나의 감정이 하강 나선에 걸려 있다는 사실을 부드럽게 받아들이는 것뿐이다.

자기 마음속의 장막 너머를 보고 거기에 스포트라이트를 비추려면 벌어진 사태와 그에 대한 자신의 감정을 먼저 받아들여야 한다. 문제의 의미를 받아들이지 못하면 문제를 풀 수 없는 것과 마찬가지다. 마음에서 일어나는 어떤 현상이라도 그것에 코멘트를 달거나 검열하지 않고 기꺼이 인정하는 태도가 '받아들임'이다. 그것은 자신의 감정에서 일어나는 어떤 것이라도 거기에 집착하거나 물러서지 않고 단지 자각하는 일이다.

집착하지 않는, 그러면서도 받아들이는 평정한 마음은 혐오나 불안, 그로 인한 감정의 폭발을 막는다. 받아들여보면 자기 감정의 자동 반응이 어떻게 쌓여가는지, 그리고 무엇이 그러한 반응을 일으키는지 알 수 있다.

그날 아침, 그룹 여행에서 제외되었다는 사실을 내가 차분히 받아들였다면 하루를 혐오로 시작하지는 않았을 것이다. 마음이 불편한 뉴스를 들으면 정부에 건의할 사회적인 보완책을 떠올렸을지도 모른다. 마실 차 정도야 마켓에 가서 다시 사오면 그만이다. 받아들이지 못했기 때문에 그 순간 나는 감정이 파괴되는 느낌을 감내해야만 했다.

받아들이려면

자신의 생각을 검열하지 않는 마음

'나는 그런 욕심쟁이가 아니야!'라는 생각 뒤에는 욕심으로 그것을 차지하고 싶다는 강한 열망이 숨어 있기 때문이다. '내 생각이 그렇게 비열하진 않아!'라는 속삭임 속에는 비열한 방법을 써서라도 상대를 이기고 싶다는 승부욕이 깔려 있기 때문이다. '난 마음이 나약하지 않아!'라는 다짐 뒤에는 그냥 모든 걸 포기해버리고 싶은 피로가 쌓여 있기 때문이다.

자신의 생각을 '~ 하다' 혹은 '~ 하지 않다'라고 규정하는 것은 자신도 알 수 없는 스스로의 진심을 검열하는 꼴이 된다.

오케스트라의 지휘자가 마음에 안 드는 악기라고 해서 그 악기를 제외하고 오케스트라를 구성할 수는 없는 것처럼, 우리의 마음에는 감히 입에 올리기도 수치스러운 감정들이 들어왔다가 사라지곤 한다. 그것이 부끄러워 마음속에서 자신의 감정을 부정하는 것은 생각의 검열에 해당한다. 검열이란 억압하고 감시하는 행위를 말한다. 감정이 스스로에 의해 검열당한다면 그 감정은 설 자리를 잃게 된다. '나의 마음'은 모든 감정이 서로 조화롭게 협주되어야 하는 오케스트라라는 사실을 잊지 말아야 한다. 필요한 것은 자신의 감정을 시험하지 않고 정직하게 대면하는 일이다.

4분의 1초의 다스림

자신의 의도를 자각하고 습관적으로 그것을 실행하기까지의 가장 짧은 시간, 즉 충동과 행동 사이에는 0.25초의 시간이 존재한다. 그런데 이 0.25초는 자신의 의도를 습관대로 행동으로 옮길 수도 있지만, 그것을 행동으로 옮기지 않을 수도 있는 시간이다. 감정 습관은 할까 하지 말까를 이 시간 동안에 결정한다.

그렇다면 이 시간을 잡으면 감정 습관이 다스려지는 출발점이 될 수도 있다는 의미다. 그리고 실천에 따라 0.25초의 멈추는 순간은 좀 더 길어질 수도 있다.

이것을 경험해본 신디는 이렇게 말했다.

"제 충동에 반응하기 전의 4분의 1초가 그토록 긴 시간인 줄은 예전에는 미처 몰랐어요."

그리고 다른 내담자는 또 이렇게 말했다.

"제 인생에서 이 마법의 4분의 1초를 가능한 한 자주 경험하고 싶어요."

0.25초, 즉 마법의 4분의 1초를 얼마나 적절히 다스리느냐에 따라 마음에서 비롯되는 삶의 역량도 달라질 수 있다.

문제 속의 답

고등학교 수학교사들이 공통적으로 되풀이하는 말이 있다.

"문제 속에 답이 있다."

수학을 공부해본 사람이라면 대부분 동의하는 이 말에 우리가 찾는 실마리가 있다. 어떤 문제든, 문제는 이미 그 안에 해결책을 품고 있다. 단지 우리가 그것을 있는 그대로 받아들이지 않기 때문에 해결책도 선명하게 보이지 않을 따름이다.

도무지 참기 힘든 일련의 사태나 그로 인한 자신의 폭풍우 같은 감정 속에는 그것을 잠재워줄 해결책도 함께 뒤섞여 있다. 그것들을 거부하지 않고 그저 있는 그대로 받아들이면 차근차근 해결의 실마리를 발견할 수도 있다. 사태의 심각성과 자신의 감정에만 치우치면 해결책은 좀처럼 모습을 드러내지 않는다. 답답할수록, 북받칠수록, 마법의 4분의 1초를 떠올리며 그것을 받아들여보라.

4

벗어나기

달라이 라마는 매일 새벽 3시 30분이면 일어나 명상으로 하루를 시작한다. 그리고 저녁 7시면 잠자리에 든다. 그는 끊임없이 탐구하며, 자신의 상식에 도전한다. 자신의 생각이 왜곡되지는 않았는지 지속적으로 재평가하는 것이다.

스웨덴에서 열린 인지치료 세계 학회에서 달라이 라마는 인지심리학 박사 아론 벡과 만나 대화를 나눈 적이 있다. 두 사람은 쉽게 서로 교감을 느꼈으며 진심으로 서로에게 관심을 가졌다. 대화를 나누는 동안 벡 박사는 왜곡된 신념에 도전하는 자신의 방법에 대해 설명했다.

"저의 동료가 저를 모욕하거나 존중하지 않는 말을 한다면, 저는 '그가 부당하다'고 느낄 것입니다. 그가 저를 부당하게 평가했다는 느낌은 저의 분노를 키울 것입니다. 그러면 저는 그에게 복수를 하거나 벌을 주고 싶어 할지도 모릅니다.

그러나 저는 개인적 경험을 통해 이런 부정적인 생각에 빠져드는 경우의 90퍼센트가 잘못되었다는 사실을 알게 되었습니다. 그래서 제 생각에 의문을 갖기 시작했습니다. '그가 한 말을 설명할 수 있는 다른 방법은 없을까? 어쩌면 그는 지금 기분이 좋지 않을지도 몰라. 아니면 내가 그의 말을 제대로 듣지 못한 것일지도. 그리고 어쩌면 그의 말이 사실일지도 모르지.'라고요."

달라이 라마도 그의 말에 공감하는 듯 이렇게 말했다.

"모든 부정적 감정은 잘못된 인식에 기초를 두고 있지요. 외관과 실재實在 사이의 커다란 간격에 말입니다. 치유란 이런 간격을 줄이는 것을 말합니다."

벡은 인지치료를 이용해 간격을 줄이는 법에 대해 자세히 설명했다.

"그래서 저는 다른 가능성을 탐색해보았습니다. 즉 상대가 현재 당하고 있는 고통을 이해하는 일입니다. 그러면 연민의 감정이 일어납니다. '뭔가 심하게 고통스러운 일이 그에게 일어나지 않았다면 그가 내게 이런 말을 할 리가 없어.' 이렇게 이해하는 순간, 그때까지 느끼던 분노는 가라앉습니다."

달라이 라마는 이 방법이 이른바 불교에서 말하는 '분석적 명상'과 매우 비슷하다고 말했다. 우리는 감정의 숨겨진 모드를 자연스럽게 알아차릴 수 있다. 예컨대 감정의 반응이 실제 상황보다는 자신의 과장된 두려움 때문이라는 사실을 알게 될 수가 있다.

공황장애에 대한 인지치료는 이러한 교정 수단을 계속적으로 반복해야 한다. 왜냐하면 모드의 습관을 바꾸고 그 근저에 있는 뇌 회로를 바꾸는 데는 시간이 걸리기 때문이다. 공황장애가 있는 사람에게는 만약 그가 자동 반사적으로 내리는 가정과 반대로, 자신이 자동차 터널을 지나가더라도 질식하지 않는다는 단순한 확신만으로도 감정을 교정할 수 있다.

공황장애 환자들에게 그들이 익숙한 왜곡된 사고와 반대되는 내용이 적힌 플래시 카드(그림·글자 등이 적힌 학습용 카드)를 지니게 하는 처방도 그중 한 가지다. 불안이나 부적응 모드에 빠질 때마다 카드를 꺼내어 읽으라는 것이다.

벡은 "확신을 주는 현실적인 신념은, 모드의 공격에 대한 탄탄한 방어벽을 형성한다."고 말한다.

원하지 않는 모드의 사고방식을 자각하고 거기에 숨겨진 알고리즘을 탐지하려면 현실적인 신념이 필요하다는 말이다. 신념을 강화함으로써 자신의 모드를 촉발하는 왜곡된 가정에 도전하면서 그것을 변화시킬 수 있게 된다. '자기 마음대로 지어낸 이야기'를 '사실에 맞게 고쳐 쓸 수' 있다는 말이다.

모드를 변화시키는 작업

마야는 일 때문에 어느 작은 호텔에 머물고 있었다. 그녀는 그곳이 무척 마음에 들었지만, 그곳에서 일하는 여자가 자꾸 신경에 거슬렸다. 그 여자는 마야가 라운지에 앉아 차를 마시며 일에 집중하려고 할 때마다 슬며시 다가와 의심스러운 눈빛으로 '무슨 일 해요?'라고 물었다. 며칠 동안 매일 그런 질문을 던지자 마야는 그 여자가 일부러 자신을 골탕먹이려는 것처럼 느껴졌다.

마야는 이 귀찮은 여성을 피하려고 했지만, 어느 날 그녀는 또 다시 마야를 슬금슬금 자극하며 다가왔다. 화가 난 마야는 그녀에게 따끔하게 복수하고 싶은 충동을 느꼈다. 하지만 마야는 스스로에게 이렇게 말했다.

'나에게 쉬는 시간을 주자.'

마야는 자기 방으로 돌아가 가볍게 샤워를 한 후 페이스북을 시작했다. 친구가 페이스북에 이런 말을 올려놓은 게 보였다.

"갑자기 화를 터뜨리고 싶은 순간에 있다면 당신은 지금 일어나고 있는 일을 분명하게 보지 못하고 있는 것이다. 당신은 오직 자신의 화난 느낌만 보고 있을 뿐이다."

페이스북의 이 구절을 읽고 마야는 신기하게도 자신의 화난 감정이 누그러짐을 느꼈다. 그리고 다른 가능성에 대해 생각했다. 자신을 괴롭히는 이 여성이 매우 불행해 보인다는 것, 그리고 어쩌면 그녀가 자신의 안 좋은 기분을 이쪽으로 향하고 있는 것인지도 모른다고 생각했다.

마야는 그날 아침, 심한 말로 한 동료에게 상처를 주었는데, 그는 마야의 손쉬운 표적이 되어 있었다. 마치 호텔의 여자가 마야에게 그랬던 것처럼, 마야 역시 자신의 동료에게 무언의 화풀이를 하고 있음을 깨달았다. 마야 스스로가 자신의 울분에 계속 기름을 붓고 있었던 것이다.

수가 느끼는 남편 마이크의 문제점은 그가 딸을 대하는 방식이었다.

"남편과 딸아이 두 사람 모두 자기주장이 강해요. 그래서 사사건건 충돌을 일으켜요. 남편은 딸의 장점을 전혀 보지 않아요. 오직 부정적인 면만 볼 뿐이죠. 저는 그것이 남편의 어린 시절 경험 때문이라는 걸 알고 있어요. 남편의 아버지가 남편을 항상 그렇게 대했던 거예요. 하지만 우리 집에서도 그런 일이 일어나는 걸 지켜보기란 너무 고통스러워요."

수는 딸을 보호하고 싶었다. 딸이 숙제를 하지 않고 친구에게 문자 메시지를 보내면 남편은 어김없이 딸을 나무랐고, 그럴 때마다 수는 딸을 옹호했다. 그 때문에 수는 마이크를 심하게 비난했는데, 그것은 두 사람 사이에 감정의 장벽을 만들었다.

수가 말했다.

"모두가 조마조마해요. 마이크는 자기 성질을 조절하지 못하고 저는 그런 남편을 끊임없이 비난하죠. 그리고는 무슨 일이 일어날지 걱정해요."

명상센터를 찾은 수는 매일 명상을 하기로 결심했다.

"명상으로 깨어 있는 마음의 감독관에게 도움을 청해요. 명상을 하면 제가 가진 모드가 시끄럽게 떠들어대는 목소리를 들을 수 있고, 그것이 어떻게 저의 자동적 반응으로 연결되는지도 분명하게 볼 수 있죠. 그것은 제가 뜨거운 열기 속에 있을 때보다 차분히 반성할 때 더 분명하게 느껴져요."

그녀는 명상을 통해 남편과 자신에 대한 연민의 마음을 키우려 애썼다. 명상을 시작한 이래 그녀는 남편에 대해 더 큰 인내의 마음을 갖게 되었다고 말한다.

그리고 얼마 후, 이 문제에 대해 두 사람이 이야기를 나누던 중에 남편의 눈에 눈물이 고이는 것을 보았다. 그것은 남편의 힘들었던 어린 시절에 관한 눈물이었다. 그 순간 남편에 대한 깊은 사랑을 느꼈다. 자신의 나약한 부분을 인정하는 남편의 모습을 보면서 수는 남편에게 더없는 연민을 느꼈다.

이제 수는 남편을 대하는 자동 반응이 훨씬 줄었다. 딸 앞에서 남편과 말다툼을 벌이기보다 두 사람은 함께 조용히 이야기를 나누는 시간을 갖는다.

연민의 마음 말고도 수는 깨어 있기와 알아차리기가 도움이 된다는 것을 알았다. 예컨대 이런 질문들에 초점을 맞추는 것이다.

'나는 지금 어디에 있지?'

'내가 회피하고 외면하는 것은 무엇일까?'

이런 깨어 있기는 자신이 그 순간 어떤 모드에 있는지 알아차리는 데 도움이 된다. 그녀가 말했다.

"제가 쉽게 완벽주의 모드에 빠진다는 사실을 알았어요. 그리고 어느 순간에 그 모드에 빠지는지를 더 잘 깨닫게 되었죠."

"저는 마이크에 대해, 그리고 그에게 어떻게 반응할지에 대해 생각했어요. 그것이 저를 덜 비판적인 사람, 더 사랑을 주는 친절한 사람으로 만드는 데 도움이 되었어요."

"이제 매순간 저의 모드를 더 정확하게 볼 수 있을 것 같아요. 제가 어른으로서 안정 모드에 있다는 것도 볼 수 있어요. 직장에서도 가정에서도 예전과 달라졌죠. 직장에서는 더 안정적이 되었고, 가정에서는 덜 비판적이 되었어요. 완벽주의 모드에 빠져들 때면 그것을 더 잘 알아차리게 되었고요. 어쩌다 완벽주의 모드에 빠지면 단지 이렇게 생각하죠. '비판이 압도하기 전에 가슴으로 이 순간을 살자.'라고 말이에요."

과거를 바꿀 수는 없다. 하지만 현재에 대응하는 방식은 바꿀 수 있다. 자신의 삶에 등장하는 사람들을 변화시키려 하기보다 그들과의 관계 패턴을 변화시키는 쪽이 훨씬 현명한 마음일 것이다. 수는 자신의 필요뿐 아니라 남편의 필요까지 볼 수 있었고, 그럼으로써 끝없는 자동 반응 패턴에서 벗어날 수 있었다.

습관적인 부정적 모드는 뿌리가 깊어서 그것을 알아보는 것은 그사하고 약간의 충격을 가하는 것조차 어려울 때가 있다. 강렬한 감정 반응을 동반하는 부정적 모드의 근본 구조에 변화를 일으키려면 더 지속적이고 끈질긴 노력이 필요하다.

극단적 모드는 우리가 삶에서 언제든 걸려들 수 있는 우리 자신의 조각난 일부분이다. 감정의 모드를 바꾸는 작업은 파편화된 자신의 일부를 온전한 것으로 다시 쌓아올리는 작업이다. 감정의 바람직한 측면들을 통합하면 하나의 모드에서 다른 모드로 옮겨가기도 더 쉬워진다.

자신을 계속 시달리게 만드는 모드로부터 즉시 안전한 다른 모드로 옮겨가려 노력하는 대신, 수가 한 것처럼 그것과 직접 관계를 맺으면서 알아차리고 이해하며 내면으로부터 그것을 치유하기로 결심하는 쪽이 더 빠른 효과를 기대할 수 있다.

대개 이 과정에서 감정은 딴 곳으로 주의를 돌리거나 격렬한 반응이 일어나는 등 일련의 장애물이 나타날 수 있다. 두려움이 일거나, 의심하고 회피하며, 정보의 부족을 느끼기도 한다. 애초부터 이런 장애물들은 예상된 것들이다. 장애물을 통과하지 않는 변화는 변화라고 부를 수 없기 때문이다.

감정의 파도타기

집착 모드의 대표적 형태인 알코올 중독과 약물 중독은 자신이 느끼는 불편한 감정들을 진정시키려는 극단적인 시도들이다. 중독환자들에게는 자신의 모드를 촉발하는 방아쇠를 알아차리는 것이 특히 중요한데, 그들의 내면 깊은 곳에 있는 감정적 필요가 무엇인지 살펴보면 본인은 인식조차 할 수 없었던 감정의 지점을 발견할 수 있다. 감정 치료에는 친구와 이야기를 나누거나 일기 쓰기, 과거의 필요가 현재에까지 영향을 미치고 있는 사실 알아차리기, 더 큰 자각과 연결 맺기 등이 있다.

달라이 라마는 괴로움과 관계를 맺는 기본적 방식에 두 가지가 있다고 말한다.

"하나는 괴로움을 무시하는 방법이고, 다른 하나는 괴로움을 정면으로 바라보면서 자각으로 꿰뚫는 방법입니다."

감정의 모드들을 파헤쳐보면 인정과 이해, 연소를 필요로 하는 감정들을 만나게 된다. 이들은 회피하거나 집착하거나 고착화시켜야 할 대상이 아니라 통합시켜야 할 대상들이다.

모든 감정은, 그것을 부정적으로 사용하지만 않는다면 그 안에 이미 지혜를 품고 있음을 우리는 보았다. 단지 억누르거나 터뜨리는 방식으로 그것을 서툴게 다루기 때문에 그로부터 배울 수 있는 것에서 스스로 멀어지는 것뿐이다.

자신의 감정을 정직하게 살펴봄으로써 그러한 감정을 일으키는 밑바닥까지 헤집고 들어가 감정의 본질적인 원인을 발견할 수도 있다 그러기 위해서는 자신의 감정 반응에 대한 탐색, 즉 깨어 있기가 도움이 된다는 확신이 필요하다. 깨어 있기야말로 자신의 감정에 스스로 관여해 그것을 살펴보는 일이다.

불안정한 감정의 폭풍우 한가운데서도 깨어 있기를 유지하는 것이야말로 그 감정에 휘둘리지 않는 가장 중요한 요소다. 부적절한 감정의 흐름 속에서 완전히 길을 잃고 만다면 깨어 있기가 갖는 장점은 퇴색하고 만다. 자신의 감정을 깨어 살피는 태도를 가질 때 더 많은 마음속 진실에 다가갈 수가 있다.

하와이에서 온 한 내담자는 그것을 이렇게 표현했다.

"감정의 모드에 대한 깨어 있기는 마치 거센 파도를 타는 일 같아요. 그것은 감정의 파도 위에서 중심을 잡고 균형을 유지하는 일이죠."

삶은 누구에게나 자기만의 독특한 방식으로 힘들게 다가온다. 모두에게 통용되는 처방전은 존재하지 않는다. 단지 우리는 그 삶의 소용돌이 속에서 감정의 중심을 잊지 말아야 할 따름이다.

모드 뒤에 숨겨진 것

독성 모드로부터 스스로 벗어날 수 없는 때도 있다. 훈련 받은 전문가에게 도움을 받아야 하는 때가 그런 때다.

옴짝달싹 못할 정도로 부정적 모드에 걸려 있어 무기력해진 사람들에게 제프리 영은 스키마 치유schema therapy를 권하고 있다. 그의 치유법은 전적으로 감정의 모드로 생긴 문제에만 초점을 맞춘다.

스키마 치유는 감정의 모드가 처음 생기기 시작했을 때 그것을 형성했던 근본적인 불안을 의식의 표면에 떠오르게 해서 치유하는 방법이다.

예컨대 '나는 당연히 그럴 만한 자격이 있는 사람'이라는 감정은, 자신이 사랑받거나 인정받지 못하는 존재라는 정서적 박탈에서 오는 취약한 보상의 감정으로 볼 수 있다는 것이다. 영은 어릴 적 아무 제약을 받지 않았던 사람들에게서 볼 수 있는 순수한 자기애와, 쉽게 부서질 수 있는 취약한 자기애를 구분해야 한다고 말한다.

또 당연한 자격이라는 모드를 가진 사람은 자신의 자기중심적 행동이 일으킬 부정적 결과에 대해 인지할 수 있어야 하며, 그것이 타인에게 일으키는 고통에도 공감할 줄 알아야 한다고 강조한다.

치유는 그들의 근본적인 감정적 상처를 아물게 하는 데 도움을 주겠지만, 행동 차원에서 그들은 자신의 행동을 제한하는 법을 배워 다른 사람을 보호할 수 있어야 한다고 영은 말한다. 스키마 방식은 감정 모드로 인한 습관을 변화시킬 뿐만 아니라, 애당초 그러한 모드를 일으킨 근본적인 감정적 취약성까지 함께 치유한다.

스키마 치유에서는 안정 모드의 건강한 성인이라면 내면에서 스스로 어릴 적 부모 역할을 다시 하는re-parenting 능력을 갖고 있다고 본다. 이런 안정 모드에서 우리는 자신의 건강하지 못한 모드가 가진 때로 필사적인 필요들을 어릴 적 부모의 입장으로 다시 돌아가 그것들을 달래준다. 예컨대 불안 모드에 필요한 안정 같은 것을 부모의 마음으로 스스로에게 채워줄 수 있다. 이때 우리는 불안이나 바람직하지 못한 모드가 머금은 부적응적 습관에 도전하는 용기를 내면에서 끄집어낼 수 있다.

로저는 스키마 치유를 받으러 왔다. 그는 오랜 기간 명상 수행을 했지만, 그의 결혼생활에 파괴적 영향을 미쳤던 모드를 해결하는 데는 명상 수행도 별 도움이 되지 않는다고 느꼈다. 그와 아내 수잔나는 서로 사랑했지만 파괴적인 논쟁에 반복적으로 빠져들고 있었다. 그럴 때면 두 사람은 며칠 동안이나 팽팽한 긴장 상태에 있었다.

나와 면담을 하면서 그는 자신과 수잔나가 두세 개의 기본적 싸움을 벌이고 있다는 사실을 깨달았다. 그것은 모두 동일한 모드에서 촉발되는 다툼이었다.

예를 들어, 어느 날 저녁 수잔나가 여행 준비로 기내 휴대용 수하물을 꾸리고 있을 때 로저가 말했다.

"그건 너무 많아. 많이 덜어내고 가야겠어."

그때 수잔나가 화난 목소리로 발끈했다.

"사사건건 간섭 좀 하지 말아요. 그렇게 말할 시간에 당신은 당신 할 일부터 하면 되잖아요."

로저는 할 말을 잃고 말았다. 그는 극심한 불안감을 느꼈다. 그리고 그날 저녁 내내 로저와 수잔나는 서로 불편한 상태로 있었다.

다음 날 아침, 로저는 어제 자신이 너무 의무감에 얽매여 아내를 비판하고 통제하려 했다고 스스로 뉘우쳤다. 그 결과로 두 사람 사이가 서먹서먹해졌다는 사실도 깨달았다. 그런데 이런 상황은 두 사람이 너무나 자주 맞닥뜨리는 교착상태로서 소리 없는 전쟁 같은 것이었다.

수잔나 역시 지나치게 반항적인 모드에서 남편에게 반응했다는 것을 알고 있었다.

그날 저녁 로저는 자신의 치료사와 상담을 했다. 치료사는 로저가 자신의 모드를 깨달았다는 사실에 기뻐했다. 치료사는 이렇게 조언했다.

"당신이 느끼는 감정을 아내에게 솔직하게 이야기하는 것도 좋습니다. 조금 부끄럽거나 때로는 굴욕감 같은 것이 느껴질 수도 있습니다. 그러나 문제가 해결된 후에 얻는 보상은 부끄러움이나 굴욕감과 비교할 수 없을 정도로 큽니다. 당신의 두려움과 걱정을 인정하면서, 가슴으로부터 솔직하게 아내에게 이야기해보세요."

로저는 아내와 대화를 시도했다. 아내가 먼저 말을 꺼냈다.

"당신이 의무감에 얽매인 모드에 들어갈 때면 당신은 나를 너무 통제하려고 해요. 그래서 내가 미쳐버릴 지경이에요. 나는 내가 통제당하고 있다는 느낌, 돌봄을 받지 못하고 있다는 느낌 때문에 발끈한 거예요. 전에는 마음을 열고 당신에게 사랑을 느꼈었는데, 당신이 통제하고 간섭하는 듯한 말을 하면 마음이 꽉 닫혀버려요. 당신이 나보다 짐 가방에 더 신경을 쓰고 있는 것처럼 느껴진단 말이에요."

로저는 묵묵히 듣고만 있었다. 다음 상담에서 치료사는 로저에게 지금까지와 다르게 자신을 표현하는 법을 생각해보도록 했다.

"아내를 배려하는 목소리로 말해보세요. '난 당신이 조금 걱정돼. 당신이 제일 소중하게 생각하는 물건까지 다 가져가면 분실 염려도 커지고 너무 무겁기도 할 거야. 그러면 그걸 수하물로 맡겨야 할 테고. 예전에 수하물을 잃어버린 적도 있었잖아.'라고 말이에요."

치료사는 말을 이었다.

"그런 다음 아내가 무슨 말을 하는지 그저 지켜보기만 하세요. 그렇게 아내가 스스로 해결책을 찾게 해주세요. 이렇게 하면 아내는 자기가 배려 받는다고 느낄 거예요. 당신이 아내의 삶을 통제하려는 것이 아니라고 말이에요."

언쟁의 와중에 이렇게 실천하기란 사실 쉬운 일이 아니다. 부부관계 연구자들은 서로 말다툼을 벌이는 부부는 적어도 20분 정도 휴전 타임을 가지면서 마음을 가라앉힌 후에 해결책을 찾아볼 것을 권한다. 그런데 이런 타임아웃 시간에 부부가 자신들을 소진시킨 모드를 인식하고 감정의 치유 단계를 밟는다면 이후의 관계가 회복될 가능성은 훨씬 높아질 것이다.

그러기 위해서는 부부가 말다툼을 벌이는 과정에서 각자가 어느 모드를 선호하고 작동시키는지 인지하려는 노력이 필요하다. 그럼으로써 애당초 모드를 촉발시키는 방아쇠를 알아차릴 수 있다. 방아쇠를 알아차리면 그로 인한 싸움을 벌이지 않아도 된다.

로저는 자신의 모드를 촉발하는 위험구역에 들어서는 순간 사용할 수 있는 단계별 조언을 기억했다. 그것은 다음과 같은 것들이었다.

- 무엇이 자신의 감정을 부추기는지 살핀다.
- 자신의 부정적 모드에 정면으로 맞서는 노력을 기울인다.
- 자동적으로 반응하기 전에 먼저 생각해본다.
- 상대방이 어떻게 느낄지 가늠해본다.
- 대안을 생각한다.

  (예를 들어 로저는 자신에게 이렇게 말할 수 있었다. '아내가 이번 여행을 준비하는 방식에는 문제가 있는 것 같아. 하지만 아내가 신경이 날카롭지 않을 때 이 문제에 관해 상의해보자.')

- 치료법을 먼저 떠올린 다음 행동으로 옮긴다.

  (로저의 경우라면 아내를 통제하려 한다는 느낌을 주지 않으면서 아내에 대

한 걱정의 마음을 먼저 표현한 뒤에 사실 관계를 전달하는 것이다. 그리고 아내 스스로 해결책에 이르도록 돕는다.)

자기희생 경향이 있던 리자는, 이기적이고 남에게 베풀지 않는 사람들에게 분개를 느끼며 몇 달을 보내고 있었다. 그녀는 매우 예민해져 있었다. 자신이 도움을 구할 때 사람들이 배려해주지 않거나, 거기에 화답하지 않는다고 생각되는 사소한 암시에도 과민하게 반응하고 있었다.

리자의 주요 감정은 분노와 절망이었다. 그녀는 자신의 왜곡된 감정 때문에 아무 것도 아닌 일에 갑자기 발끈하곤 했다. 아주 사소한 증거만 있어도 사람들이 자신을 '이용하고 있다'는 두려움에 휩싸였다.

리자는 포화 지점에 이르렀다. 모드를 촉발하는 상황들에 지쳤으며 자신의 패턴을 강화시키는 사건들과 감정의 모드에도 신물이 났다.

불교심리학에서는 이를 감정의 임계점Critical Point of Emotion이라고 부르는데, 감정의 임계점에 도달하면 자신의 모드에 환멸을 느껴 거꾸로 변화를 일으키고자 강한 동기를 갖게 된다.

모드의 강도가 강해지는 시기, 즉 모드가 내는 목소리가 계속적으로 반복되며 점점 커지는 시기는 역으로 부정적 모드를 치유할 수 있는 좋은 시기이기도 하다. 그래서 모드가 강해진다는 것은 긍정적인 신호가 될 수 있다.

'내가 아무리 호의를 베풀어봤자 그 사람은 고마워할 줄 몰라.'

'그 여자는 나를 전혀 배려하지 않는군.'

이런 생각들은 모드의 핵심에 자리 잡고 있는 왜곡된 신념에서 흘러나오는 것들이다. 이때 이런 생각들을 자각하지 못하면 그것은 스스로 더 강화될 뿐이다.

'보라구, 또 이런 일이 일어났잖아. 이로써 사람들이 그저 나를 이용하려 한다는 게 분명해졌어.'

그런데 이것은 감정의 모드가 내는 목소리일 뿐, 실재實在는 아니다. 리자는 이러한 모드의 목소리 뒤에 감춰진 실재를 보기 시작했다.

실재 인식을 통해 우리는 자신이 그동안 어떻게 이런 혐오스러운 생각들을 그저 사실이라고 믿어왔는지, 또 이렇게 일어난 감정이 어떻게 그토록 오랫동안 자신의 불같은 반응에 기름을 부어왔는지 볼 수 있게 된다.

만약 리자가 이런 모드가 가진 특징을 인식하지 못했더라면 그것을 계속해서 그저 사실이라고 믿었을 것이다.

모드의 실재를 알아보는 순간, 그것이 우리에게 행사하는 힘은 약화된다. 자각이 감정의 패턴에 변화를 일으키는 것이다. 즉 그것을 사실로 즉각 믿어버리는 대신, 그것이 행사하는 영향력을 한 번 더 의심할 수 있는 여지를 열어두는 것이다.

리자는 이로써 지금까지 계속적으로 반복되던 감정의 흐름도를 볼 수 있게 되었다. 그동안 그녀의 행동은 희생자 모드의 특징인 자기희생에 대한 핵심 신념을 강화시켰다. 그것은 억울함과 분개, 상처가 뒤섞인 독성 모드로서 그녀는 속으로 늘 이런 스토리 라인을 지니고 있었다.

'사람들은 그저 나에게서 뭔가를 가져가려고만 해. 나에게 진심으로 관심을 가져주는 게 아니야.'

자기희생 모드 뒤에 감춰진 실재를 리자가 깨달았을 때, 그 실재에 대한 인식들은 홍수처럼 밀려들었다. 그것은 리자가 이제 그 패턴에서 벗어날 준비가 되었다는 신호이기도 했다.

모드는 계속해서 살아남으려 한다. 모드는 치유를 위해 그것에 초점을 맞추기 시작하면 점점 더 강해진다. 리자는 자신의 왜곡된 사고와 과잉 반응이 자신의 감정 모드와 마치 시너지를 일으키듯이 서로 커지고 있음을 알고 나 후에야 서서히 자신의 패턴이 멈추는 것을 느꼈다.

강력한 감정의 힘이 실린 모드를 멈추기 위해서는 특별한 작업이 필요하다. 모드를 변화시키려면 그것을 계속해서 일어나게 만드는 근본적인 감정의 역동과 결별할 필요가 있다. 그런데 모드들은 자기 정체성의 기본이 되는 것들이다. 이것을 놓아버리기 시작하면 지금까지 자신을 규정해왔던 일부를 잃어버린 것 같은 느낌 때문에 애석함을 느낄 수밖에 없다.

나이가 들어가면서 특별히 욕망과 집착도 없는데, 왠지 이유도 없이 인생이 서글픈 느낌에 빠지는 것도 이러한 모드의 변화 때문이다. 지금까지 인생을 살아오면서 자신의 정체성을 이루어왔던 집착과 욕망이 사라지자, 눈에 보이는 것은 아무것도 잃은 게 없는데 마치 자신의 일부가 빠져나간 것처럼 허전함을 느끼게 되는 것이다.

솔직한 한 마디

중요한 마감을 앞둔 어느 디자이너가 있었다. 그런데 공교롭게도 같은 시기에 그녀의 친지들이 한데 모이는 가족 모임이 예정되어 있었다. 모임은 오래 전부터 예정된 것이었다. 디자이너는 가족 모임이 예정된 주말에 일을 해야 한다고 생각하면서도 가족들이 자신 때문에 서운해하는 것을 원치 않았다. 그녀는 중요한 마감이라는 자신의 필요를 제쳐놓은 채 자기를 희생해야 한다고 생각하고 있었다. 그러나 가족들이 모이기도 전에 압도당하는 느낌이 밀려왔다.

그녀는, 지쳤으며 휴식이 필요하다고 말하는 몸의 신호를 무시하고 있었다. 그녀는 지속적인 긴장으로 매일 밤 몸을 뒤척이며 잠을 제대로 이루지 못했다. 그리고는 체력이 바닥인 상태에서도 다음날 계속해서 무리하게 일을 강행했다.

가족 모임 날짜가 되자 그녀는 자기 마음의 감독관을 향해 이렇게 물었다.

'지금 무슨 일이 일어나고 있지?'

마음의 감독관과 감정의 모드 사이에 대화가 시작되었다. 자신의 집에서 머물다 갈 가족들을 대접하면 뿌듯할 것 같았다. 그런데 한편으로는 가족을 맞이하는 일이 큰 부담으로 다가왔다.

그녀는 자신의 익숙한 감정 패턴이 또 다시 일어나는 것을 느꼈다. 그녀는 기력의 소진이라는 렌즈를 통해 상황을 보고 있었다. 그녀는 자신이 가족들에게 섭섭함을 느끼고 있다는 것을 알았으며, 정성을 다해 가족들을 대접해도 가족들은 그저 당연한 것으로 여길 것이라는 생각이 들었다.

바로 이때 그녀의 마음속 깨어 있는 감독관이 개입했다.

'너는 무엇을 필요로 하고 있지?'

그에 대해 그녀는 즉각적으로 이렇게 대답했다.

'휴식과 여유가 필요해. 그리고 나만 일방적으로 희생하는 게 아니라 나도 배려를 받아야 해.'

깨어 있는 감독관은 그녀의 자기희생적 모드가 그녀의 학습 배경에서 생겨난 것이라는 사실을 상기시켰다. 즉 주위 사람들은 충족되지 못한 필요를 많이 갖고 있었으며, 그녀는 그들과 맺은 관계를 잃지 않으려고 그들의 필요를 충족시키는 법을 익히게 되었다는 것이다. 이런 모드는 그녀로 하여금 무리를 해가면서까지 주위 사람들에게 사랑받고 받아들여지고 버림받지 않아야 한다는 감정을 정착시켰다. 그런데 이것은 언제나 실망감을 안겨줬다. 왜냐하면 사람들이 자신에게 고마운 마음을 갖는다고 느낄 수 없었기 때문이다. 그녀가 사람들을 위해 하는 일은 어떤 일이든 그저 당연히 그녀가 해야 하는 것으로 인식되고 있었다. 그녀는 자신이 그저 주위 사람들을 위해 존재하는 편리한 물건쯤으로 여겨지는 듯했다.

이때 그녀 내면의 깨어 있는 감독관은 이렇게 제안했다.

'이 모드에서는 보다 건강한 방식으로 관계를 다시 정의할 필요가 있겠어. 이럴 때 도움이 되는 '명확한 의사소통'이란 게 있지.'

'너의 의사를 분명하게 밝히고, 사람들과 이야기할 때 자동 반응적으로 행동하지 않는 거야.'

한참 이런 생각을 마음속에서 주고받을 때 가족들이 도착했다. 디자이너는 가족들에게 솔직하게 자기의사를 표시해야겠다고 다짐했다. 시누이가 "어떻게 지냈어요?"라는 인사와 함께 포옹을 하자 그녀는 더 없이 솔직하게 이렇게 말했다.

"정말 힘들어요. 업무상 중요한 마감이 있어요. 그렇지만 가족들과도 정말로 함께하고 싶어요."

그러자 시누이가 말했다.

"언니가 힘들다니 제 기분이 어떤 줄 아세요?"

디자이너는 속으로 생각했다.

'이런, 안 돼. 내가 시누이 기분을 상하게 했어. 오랜 시간을 들여 우리 집에 찾아온 시누이에게 그런 말을 해서는 안 되는데.'

그러자 시누이는 뜻밖에 이렇게 말했다.

"한결 마음이 놓였어요!"

그녀가 물었다.

"마음이 놓였다고요?"

"네. 우리가 언니 집에 찾아올 때마다 언니가 만사 제쳐두고 우리를 돌본다는 거 잘 알고 있어요. 우리 가족이 언니에게 언제나 짐이 된다고 느끼고 있었죠. 그렇지만 언니는 우리에게 너무나 잘해주었어요. 언니가 속으로 부담스러워하는 걸 느낄 수 있었죠. 이제 언니가 스스로 힘들다고 말하니까 언니의 부담을 덜어줄 수 있는 방법이 있을 것 같다는 생각이 들어요. 언니는 더 없이 잘하고 있지만 언니 역시 사람이잖아요."

시누이의 이 말은 그녀에게 마음의 눈을 뜨게 해준 일종의 모드 치료제였다. 시누이의 답변으로 그녀는 자신의 희생적 패턴이 인간관계에서 오히려 거리를 만드는 것이라고 어렴풋이 깨닫게 되었다. 이 일로 그녀는 시누이와 진정으로 더 가까워진 것처럼 느껴졌다.

모드를 교정하는 법

내담자 레슬리는 친구에게 문자 메시지를 보냈지만 답이 없었다. 친구는 평소 같으면 즉각적으로 답을 하는 사람이었다. 레슬리는 불안 모드가 촉발되었고 이렇게 확신했다.

'친구가 단단히 화가 난 것 같아.'

이렇게 생각하자 마음이 아팠다. 친구가 냉담한 것 같았고 거리감이 느껴졌다. 그리고 자신이 뭔가 잘못한 일이 없는지 걱정되었다. 레슬리는 불안한 마음으로 안절부절 못했다.

그러다 레슬리는 전에도 자신에게 이런 적이 있었다는 사실을 떠올렸다. 그녀는 멈추어 스스로에게 이렇게 말했다.

'나의 불안 모드와 집착 모드가 또 작동하고 있군.'

그러다 문득 친구의 아들이 아프다는 사실이 떠올랐다. 그것은 전에 없던 객관적인 통찰이었다.

'그래, 친구가 나를 무시하는 게 아냐. 지금 아들 일에 정신이 쏠려 있는 거야.'

지금까지 레슬리는 오직 친구와의 관계 단절에 대한 두려움으로 행동하고 있었다. 이런 감정은 늘 안정감을 구하도록 만들었고, 그것은 다시 불안 모드라는 감정의 습관을 더 강화시킬 뿐이었다. 그러나 이번에는 그런 자신을 멈춰 세우고 불안 모드에 잠시 공간을 줘 보기로 했다.

부정적인 신념은 자동 반응을 일으켜 왜곡된 내면의 목소리가 우위를 점하게 만든다. 왜곡된 가정이 생겨나는 것이다. '지금 나는 안전하지 못해.'라거나 '상처받기 전에 내가 먼저 거리를 두는 게 나아.' 같은 염려 말이다.

레슬리의 불안 모드를 치유하는 핵심은, 두려움을 과장하는 자신의 성향에 맞서면서 관계에서의 거리가 관계의 종말을 의미한다는 잘못된 가정에 휘둘리지 않게 하는 것이었다. 레슬리에게 필요한 것은 자각과 분별력이었다. 그것은 부정적 모드를 해체하는 동안 자신이 서 있을 공간을 구축하는 일이다.

왜곡된 렌즈를 통하지 않고 선명하게 상황을 보게 되면 평소처럼 자동적으로 반응하는 일도 줄어든다. 습관적인 반응을 약화시킴으로써 독성 모드를 중화시키는 것이다.

이런 경험을 반복하면 우리는 안정 모드에 더 쉽게 자리 잡을 수 있다. 전에는 모드를 촉발했던 일들도 이제는 그것에 흔들리지 않고 맞설 수 있게 되는 것이다. 이것은 역기능 모드의 근본 신념에 주목할 만한 변화가 생겼다는 표시이기도 하다. 또 학습된 반응에 변화가 생겼다는 표시이자 역기능 모드를 촉발하는 방아쇠를 해체시키고 있다는 증거이기도 하다.

깊이 뿌리내린 감정의 모드가 하루아침에 바뀌는 건 아니다. 깨어 있는 마음은 마치 노트북의 '리셋 버튼'을 누르는 것 같은 변화를 뇌에 일으킨다. 모드 변화는 때로 한발 나아갔다가 한발 뒷걸음치는 것처럼 느껴질 수도 있다.

각 모드마다 그에 맞는 '특정한' 해독제가 있다. 부정적 모드에 대한 해독제는 그 모드가 '원하는' 것과는 무척 다르다. 가령, 회피 모드에 있을 때 우리는 대상으로부터 거리를 두려 한다. 그것에 압도당하는 것이 두렵기 때문이다. 그러나 회피 모드를 치유하기 위해서는 그런 감정에 자신을 열고 그것을 편안하게 받아들이는 것이다. 정반대의 태도가 처방전인 셈이다.

모든 모드에 두루 적용되는 '보편적인' 해독제는 존재하지 않는다. 무엇보다 우리는 자기만의 방식으로 해독제를 경험해야 한다.

벗어나려면

집착 모드에서 벗어나려면

- **충동에 대한 저항** 무언가를 사고 싶은 충동, 누군가에게 화풀이를 하고 싶은 충동, 그 자리에서 달아나버리고 싶은 충동 등, 우리의 마음은 충동의 연속이다. 그러한 충동을 모두 실행하는 삶은 세상에 존재하지 않는다.
- **스스로 만족하는 마음** 우리는 스스로를 돌아보면, 이미 갖고 있는 것, 이미 달성한 것이 의외로 많다는 사실을 알 수 있다. 부족함의 속성을 자세히 들여다보면 거기에는 현재에 만족하지 못하는 자신의 마음이 도사리고 있음을 알 수 있다. 어떤 것을 가져도 상황은 그다지 변하지 않는다. 마음이 만족하지 못하는 한 부족함은 끊임없이 느껴진다.

- **너그러운 태도** 운전을 하다가 다른 차가 앞에 끼어들면 참지 못하고 화를 터뜨리는 사람들이 있다. 이런 태도는 정말로 위험을 부르곤 하는데, 그것이 원인이 되어 간혹 대형 사고로 이어지기도 한다. 우리는 누구나 남에게 실례를 끼치면서 산다. 한 번도 남에게 실례를 끼치지 않고 사는 사람은 없다. 다른 사람의 실례가 생명과 맞바꿀 만큼 심각하지 않은 것이라면 너그럽게 용서하는 자세가 훨씬 정신 건강에 이롭다.
- **환상에서 깨어나기** '그 차만 있으면 행복할 것 같은데!', '그 시험만 합격하면 인생이 탄탄대로일 것 같은데!', '그 인간만 없으면 직장생활이 순조로울 텐데!'

그 차를 갖고, 그 시험에 합격하고, 그 인간이 사라져도, 몇 개월 후면 일상은 다시 비슷한 경로를 달리기 시작한다. 내 감정의 모드가 바뀌지 않는 한 행복의 조건은 그 차와 그 시험과 그 인간에 있지 않다. 문제는 집착에 기인한 환상에 휘둘리지 않는 나의 마음이다.

혐오 모드에서 벗어나려면

- **인내와 이해** 무엇으로도 누그러뜨리기 어려운 감정이 혐오감이다. 상대가 극도로 혐오스러울 때는 그의 존재를 부정하거나 분노하고 빨리 물리치고 싶은 것이 인간의 본능이다. 그런데 참으로 신기하게도 내가 혐오감을 느끼는 대상에게 어떤 사람은 호감을 갖는 경우도 있다. 예를 들어, 누군가가 나의 절친한 친구를 거짓말쟁이라며 극도로 비난한다고 치자. 그럼 나도 곧바로 나의 친구를 비난할 수 있

을까? 그렇지는 않다. 왜 나의 친구가 그런 소리를 들어야 하는지 먼저 그 내막을 알아보려 할 것이다. 내막을 알고 난 후에도 웬만하면 우리는 자신의 친구를 옹호하려 든다. 그가 나를 결정적으로 속이지 않는 한 말이다. 그런데 입장을 완전히 바꾸어서, 이번에는 내가 어떤 사람을 거짓말쟁이라고 비난한다고 치자. 그러나 그의 친구는 그를 옹호한다. 입장이 바뀐 나와 똑같다. 결국 대상의 성질이 동일해도 우리는 자신이 어떤 입장에 있느냐에 따라 감정의 차이를 드러낼 뿐이다. 이런 상황에서 필요한 것이 인내력과 이해력이다. 인내와 이해에 따라 혐오감의 크기도 사뭇 달라진다. 객관적인 혐오의 대상마저도 나의 인내와 이해의 정도에 따라 다르게 느껴지는 것이 우리의 감정이다.

혼돈 모드에서 벗어나려면

- **명료한 표현** 말은 감정을 구축한다. 애매한 감정도 누군가의 앞에서 말로 표현하고 나면 우리는 가능한 한 그것을 지키기 위해 애쓴다. 혼잣말은 소용이 없다. 반드시 누군가의 앞이어야 한다. "다음에 그를 만나 꼭 고백을 하겠어!", "이번 연봉 협상에서 나의 존재감을 피력할 거야!", "그가 이런 부탁을 하면 거절할게." 이렇게 명료하게 말함으로써 자신도 상대방도 모호한 판단을 멈출 수 있다. 명료한 표현이 모두에게 이로움을 주는 것이다.
- **차분한 살핌** 혼돈의 마음상태를 일으키는 원인 중의 하나가 대상을 충분히 살피지 않는 데 있다. 아내의 마음을 살피지 않는 남편, 부하

의 감정을 헤아리지 못하는 상사, 업계의 동정에 무딘 비즈니스맨, 우정을 애정으로 착각하는 감정 등이 모두 대상을 충분히 살펴 인지하지 못하는 데서 오는 실재(實在)와 감정의 불협화음들이다. 단지 집착하거나 흥분하지 않고 살피는 것만으로도 감정의 혼돈 모드는 상당히 완화된다.

불안 모드에서 벗어나려면

- **과장된 두려움 알아차리기** 인간이 느끼는 모든 불안에는 거품이 끼어 있다. 불안의 맨 밑바닥을 헤집어보면 과거의 눈으로 현재를 해석하려는 감정이 수초처럼 깔려 있음을 볼 수 있다. 그래서 불안은 항상 대상을 실제보다 더 크고 과대하게 포장하는 경향이 있다. 지나고 나면 아무것도 아니었는데 당시에는 엄청난 일처럼 느껴진 경험을 누구나 갖고 있을 것이다. 그래서 모든 불안은 근본적으로 거품성 특징을 띠고 있다. 그렇게 자신의 불안과 두려움이 실제보다 훨씬 과장되고 부풀려진다는 사실을 아는 것, 그것이 불안 모드에서 벗어나는 첫번째 단계다.
- **'~ 할지도 모른다'는 염려 버리기** '그(그녀)에게 버림받을지도 몰라!', '이번 승진에 누락될지도 몰라!', '매출이 곤두박질칠지도 몰라!' 간혹 이러한 부정적 예측이 사람을 더 분발하게 만들기도 하지만, 대개의 경우 이런 우려는 현재의 감정을 위축시키고 앞으로 나아가지 못하게 만드는 정신의 장애물로 작용한다. 이 장애물을 걷어내는 현명한 방법은, 아직 일어나지 않은 불미스러운 예감이 떠오를 때마다 그것을

의도적으로 끊어내는 것이다.

회피 모드에서 벗어나려면

- **늘 안전하다고 느끼기** 회피 모드의 가장 큰 원인은 두려움이라는 감정과 똑바로 마주하지 않는 태도에 있다. 두려움은 온갖 모습으로 안정감을 훼방한다. 두려움에 감정이 밀리면 우리는 그 상황에서 일단 빠져나가려 애쓴다. 그것을 회피하는 것이다. 따라서 회피 모드를 바꾸려면 먼저 자신을 지배하는 두려움의 원인부터 깨달아야 한다. 심리학자들은 "어떤 심각한 상황도 인간의 상상을 뛰어넘지는 못한다."고 말한다. 즉 상상이 실제를 훨씬 크게 부풀리는 것이다. 그러므로 두려움은 늘 실제보다 클 수밖에 없다. 그러한 상상 속 두려움에 대한 직시와 상황에 대한 이해가 곁들여진다면, 우리는 회피 모드에서 더 순조롭게 빠져나올 수 있다.
- **사람들과 더 친밀해지기** 보고 싶지 않은 사람과 마주치는 것만큼 껄끄러운 일도 없다. 부담스러운 상대는 만나지 않는 게 오히려 정신 건강에도 이롭다. 문제는, 회피로 생기는 자신의 감정적 불편함이다. 생활에서, 혹은 일터에서 맺는 친밀한 관계는 감정적 안도감은 물론 막연한 두려움도 경감시킨다. 인류 초기의 생존 기술도 함께 모여 사는 것이었다. 동굴이나 움막에 함께 거주하며 근심과 걱정을 서로 공유함으로써 감정적 외로움과 상처를 달랬다. 그렇게 모여 사는 집단 거주의 유전자가 우리의 몸속에는 지금도 여전히 흐르고 있다. '나만 그런 것이 아니라는 마음상태'를 가장 효율적으로 가르쳐주는 것, 그

럼으로써 자신의 감정을 회피하지 않고 정면으로 바라보도록 돕는 것, 그것이 바로 사람들과 함께 쌓는 친밀감이다.

포식자 모드에서 벗어나려면

- **상대방의 필요와 욕구에 공감하고 배려하기** 탐욕과 욕망이 극에 달해 무엇이든 집어삼키려 드는, 자기절제가 불가능한 감정이 포식자 모드다. 간혹 과도한 열정이나 성취욕도 포식자 모드의 감정을 부추기곤 하는데, 포식자 모드에 사로잡히면 상대방의 필요와 욕구에 대한 이해도는 현저히 떨어진다. 결국 자신만의 욕구달성을 위해 상대를 희생할 수밖에 없는 상황으로 내모는 것이다. 포식자 도드가 성공을 쟁취하는 것은 그때뿐이다. 사람들은 포식자 모드를 장기적으로는 결코 수용하지 않는다. 그래서 상대방의 욕구와 필요에 공감하고 배려하는 태도는 포식자 모드를 멈추는 것뿐만 아니라, 현실적이고도 장기적인 성공의 밑거름이 된다.
- **열린 마음으로 평가를 수용하기** 나의 어떤 성향에 대해 여러 사람이 내리는 비슷한 평가는 객관적으로 근거가 있다고 보아야 한다. 거기에 마음을 열고 받아들이느냐, 아니면 그것을 부정하며 자신의 고집을 계속 앞세우느냐에 따라 포식자 모드는 약화되거나 더 강화된다. 포식자 모드가 부정적 영향을 끼치는 모드라는 걸 깨달은 이상, 우리는 그것을 고집할 이유가 없다.
- **타인을 비난하기보다 스스로 책임지는 태도 갖기** 누군가를 향한 비난은 상대의 화를 돋울 뿐 아니라, 자신도 모르는 사이에 스스로의 인

성에도 아물지 않는 흠집을 남긴다. 남에 대한 비난으로 행복을 느낄 수 없는 것도 그 때문이다. 결국 모든 것은 자신에게 돌아온다. 이미 벌어진 사태에 대해 남에게 책임을 떠넘기거나 비난하는 대신 솔선해서 책임을 져보면, 그런 태도가 사람들의 신뢰와 추종을 이끌어내는 데 얼마나 효과적인지 바로 깨달을 수 있다. 그때 자신의 포식자 모드는 자연스럽게 자취를 감춘다.

희생자 모드에서 벗어나려면

- **자신의 필요와 권리를 힘 있고 분명하게 표현하기** 희생자 모드를 양보와 선의로 잘못 해석하지 말아야 한다. 희생자 모드는 종국에는 누구에게도 도움이 되지 않는 자아 포기까지 불러올 수 있는 위험한 감정 패턴이다. 우울감의 발단은 자신의 필요와 권리가 부당하게 외면당하거나 침해당하는 것에 대한 침묵에서 시작된다. 우울감이 커지면 우울증으로 발전한다. 자신의 필요와 권리를 자신의 방식대로 힘 있고 분명하게 표현할 때, 희생자 모드라는 자기 파괴의 덫에서 벗어날 수 있다.
- **자신이 좋아하는 것을 적극적으로 추구하기** 의식주를 해결한 이후의 생존은 즐거움이 좌우한다. 자신이 좋아하는 것, 즐거운 것을 추구하지 못하는 사람은 그것들을 추구하는 사람보다 삶의 의미를 잃어버리기 쉽다고 심리학자들은 지적한다. 인생이 비탄에 빠지는 가장 큰 이유도 더 이상 즐거움을 느끼지 못하기 때문이다. '재충전 요소Refreshing factor'라는 심리학 용어는 즐거움을 느끼는 뇌세포가 일의

뇌세포로까지 연동을 일으키는 현상에서 만들어진 말이다. 결국 좋아하는 것을 추구하는 삶이 인생 전반에 행복을 부르는 것이다.

완벽주의 모드에서 벗어나려면

- **세상에 완벽한 것은 없다는 사실 깨닫기** 당신이 보기에 완벽한 것은 당신보다 더 완벽한 사람이 보기에 허점투성이다. 이것은 끝이 없는 연쇄작용이다. 이 연쇄작용의 패턴을 멈추려면 그 본질을 깨달아야 한다. 세상에 완벽한 것은 없다는 사실 말이다. 완벽을 추구한다는 발상 자체가 오류를 내포한 감정이라는 사실을 이해하라.
- **결과와 감정 사이에서 균형 찾기** "성형수술을 했는데 맘에 들지 않아요.", "아들이 변호사가 되길 바라는데 요리에만 관심이 있어요.", "아내가 고집을 부려 구입한 차를 탈 때마다 화가 나요." 삶의 어느 순간에서 자신의 희망과 일치하지 않는 결과를 받아볼 때가 있다. 그럴 때마다 우리는 조바심을 치고 울분을 터뜨린다. '그때 ~ 했더라면 인생이 달라졌을지도 몰라!' 문제는 그때 그것을 하지 않았던 것이 아니라, 결과를 대하는 자신의 감정이다. 지금까지 살아오면서 얻은 결과들이 더도 덜도 아닌 정확한 자신의 성적표인지도 모른다. 그것을 감정이 받아들이지 못했을 뿐이다. 욕망이 감정의 균형을 흔들어놓았기 때문이다. 완벽주의 모드가 몰아칠 때 필요한 것은 결과와 감정 사이의 균형 잡기다.

5

토대 쌓기

나는 17살 때 아르바이트로 베이비시터babysitter, 아이를 맡아 돌보는 사람 일을 한 적이 있었다. 어느 날 저녁, 아이의 부모가 외출을 하고 나와 아기는 일찍 잠이 들었다.

그런데 몇 시간 뒤, 자지러질 듯한 아기 울음소리에 나는 잠이 깼다. 나는 아기 방으로 달려가 아기를 품에 안았다. 너무 울어서 그런지 아기의 몸은 긴장된 채로 떨리고 있었다. 아기를 보듬자 따뜻한 교감이 느껴지는 것 같았다. 그것은 내 가슴에서 흘러나온 에너지가 아기에게로 곧장 전해지는 그런 느낌이었다. 잠시 후 아기는 잠잠해지더니 이내 잠이 들었다.

이런 일은 아기를 키우는 부모에게는 흔한 일일 테지만, 당시 십대였던 나에게는 완전히 새로운 경험이었다. 그것은 진실하게 사랑을 쏟으면 그 사랑을 받은 상대는 빠르게 안정을 찾는다는 사실을 처음으로 생생하게 경험한 사건이었다.

감정의 토대 쌓기라는 개념은 돌봄을 제공하는 부모의 모형에서 나왔다.

부모는 아이의 필요에 응답하고 아이가 이해와 사랑, 지지를 받으며 안전하다고 느끼도록 감정의 토대를 쌓는 것을 돕는다. 필요에 민감하게 반응하고 돌봐주는 파트너나 친구 관계에서도 반복적으로 감정의 안정된 토대를 쌓는 일은 회복과 교감에 큰 도움이 된다.

기본적인 필요가 충족되지 못할 때 거기에 관심을 가져주고 돌봐주는 사람이 곁에 있는 것과 그렇지 않은 것은 커다란 차이가 있다.

안정 모드로 들어가는 데는 두 개의 출입구가 있는데, 하나는 내면의 문이고 다른 하나는 외면의 문이다. 안정 모드를 다지려 할 때, 우리는 사랑하는 사람 쪽으로 시선을 향할 수도 있지만 자신의 내면을 들여다볼 수도 있다. 감정의 안정 모드의 토대를 다져 스스로 자신에 대한 양육의 원천이 될 수 있는 방법은 매우 많다.

다양한 조건들이 함께 충족될 때 식물은 더 잘 자란다. 정원사는 땅을 갈고 비료를 줘야 하며, 화단을 마련하고 씨를 뿌리고 물을 주고 잡초를 뽑아내야 한다. 또 묘목이 곧게 자랄 수 있도록 지지대를 대어 묘목을 보호해야 한다. 이러한 돌봄이 제때 이루어질수록 나드는 그만큼 잘 자랄 것이다.

인간 역시 마찬가지여서, 내면의 안식처가 충분히 성장할 수 있는 조건이 만들어지면 안정 모드의 질은 크게 향상된다. 잘 보살펴주는 사람과 연결을 맺는 것도 하나의 방법이고, 스스로 내면에서 그러한 자질과 연결을 맺는 것도 하나의 방법이다. 왜곡된 모드는 이런 연결을 끊어버리는 패턴이지만, 안정 모드는 이 연결을 이어주는 패턴이다.

친절한 행동, 분명한 의사표현, 상냥한 관심, 이해하고 공감하기 등은 감정의 안정된 토대를 쌓는 데 꼭 필요한 것들이다. 여기에 긍정적 자질을 키우려 노력하고, 적극적으로 삶의 의미를 발견하며, 정확한 분별력으로 사물을 보려 애쓰고, 내면의 안식처를 만드는 태도가 곁들여지면 감정의 토대는 매우 견고하게 구축될 것이다. 우리는 내면의 경로를 더 많이 사용할수록 내면의 자원들에 대한 확신도 더 키울 수 있다.

감정의 토대 쌓기의 최종적인 목적은 삶을 고양시키는 안정 모드를 찾는 데 있다. 안정 모드는 우리가 언제든 돌아가야 할 내면의 쉼터이기 때문이다.

내면의 안식처

아기를 통한 새로운 발견은 나의 남자친구가 헤르만 헤세의 소설 《싯다르타》를 내게 선물했던 시기에 일어났다. 이후 남자친구가 대학에 진학하면서 우리 두 사람의 관계는 끝이 났다. 당시 나는 남자친구가 곁에 없다는 것을 상상할 수 없었다. 그것은 나의 첫 가슴앓이였으며, 버려짐에 대한 두려움이 얼마나 끔찍한 감정인지 깨닫게 된 결정적인 사건이었다.

나는 마음의 안식처로서 그 소설에 빠져들었다.

구도자 싯다르타가 강에 이르러 내면의 목소리를 듣고 강둑에 앉아 삶을 배우는 대목에서 나는 깊은 위안을 받았다. 그는 강둑에 앉아 이런 사실을 통찰했다.

'강물은 끝없이 흐르고 또 흐르지만 언제나 그 자리에 있다. 이 강물은 언제나 같은 것이면서 매 순간 다른 것이기도 하다.'

싯다르타의 깨달음은 나의 가슴앓이를 더 큰 차원에서 다시 보게 했다. 나는 변화의 영원성과 고통의 본질, 그 뿌리에 자리 잡고 있는 집착을 볼 수 있었다. 그것은 내가 중요한 관계의 상실을 극복하는 힘이 되어주었다.

17살 당시를 떠올려보면 이별의 경험이 나를 집착에서 벗어나게 해주었다는 것을 알게 된다. 그 일을 겪고 나서야 비로소 내 앞에는 다른 세계가 펼쳐질 수 있었다. 아마도 내가 남자친구를 놓치지 않으려 했다면, 그래서 변화에 마음을 열지 않으려 했다면, 나를 더 자유롭게 만드는 다른 기회들을 놓치고 말았을 것이다.

마음의 고통을 겪던 그 몇 달 동안, 오히려 삶에는 새로운 방향 전환이 일어났다. 그때 나는 처음으로 명상이란 걸 경험했다. 고통스러운 시기를 통과해가는 동안 나는 명상에 온전히 몰입했다. 명상이야말로 내면의 안식처로 들어갈 수 있는 아주 현명한 방법 같았다.

나는 좀더 명상에 집중해보기 위해 인도로 갔다. 그리고 거기서 훌륭한 명상 지도자들을 만났다.

명상 수행은 삶에 대한 깨우침을 주면서 감정의 자유로 이어지는 선명한 길이었다. 자신과 타인에 대한 관점을 바꾸는 것, 세상에 대해 더 넓은 견해를 갖는 것은 명상으로 얻어지는 실질적인 소득일 것이다.

명상이라는 마음 훈련을 통해 감정이 안정 모드에 이르면 내면의 풍요로운 자원이 보이기 시작한다. 내면의 안식처가 나타나는 것이다. 충만감과 자족감이 느껴지고, 바꿀 수 없는 것을 받아들이게 되며, 통제하려는 생각은 떨어져나간다. 균형 잡힌 관점은 사물을 더 넓혀서 보게 한다. 관점을 확대하면 구름 뒤에 하늘이 있다는 사실을 기억할 수 있다.

명상으로 변화되는 자질 중에 두드러진 것은, 삶이 외부 요인에 덜 의존하게 된다는 점이다. 아마도 자각의 힘이 강해지기 때문인 것으로 보이는데, 그로써 내면의 고요와 안정감은 더욱 커진다.

내면의 고요는 삶의 순간들에서 벌어지는 소용돌이 속에서도 평정심을 유지시키며 내면에 발을 딛고 설 수 있는 자리, 다시 말해 즉각적인 반응이 덜한 감정의 균형을 찾아준다. 예전 같으면 즉각적으로 부정적 모드를 촉발했을 일들도 이제는 그저 아무렇지도 않은, 삶을 지나쳐가는 경치의 일부가 된다. 그럴 때 우리는 자신의 진실된 잠재력에 더 다가갈 수 있다. 감정 문제든 경험을 지배하는 더 깊은 통찰이든 분명하게 볼 수 있는 넉넉한 공간이 더 많이 생기는 것이다.

모든 것이 영속적이지 않은 성질을 지녔다는 것을 분명히 보게 되자 남자친구와의 이별 역시 나를 압도하는 비극이 아니라 내 삶의 과정으로서 받아들이게 되었다. 이런 관점은 나의 영혼을 자유롭게 해방했으며, 다른 가능성들에도 마음이 열리게 했다. 더불어 내면세계에 대한 확신도 점점 커져갔다. 나의 진짜 본성과 접속하는 일이 서서히 현실적인 가능성이 되어가고 있었다.

배려의 힘

끔찍한 사고를 당한 며칠 뒤 로빈은 병원 중환자실에서 깨어났다. 그리고 침대 옆에 어머니 다이애너가 있다는 것을 알았다.

"어머니가 곁에 계신 것이 얼마나 도움이 됐는지 몰라요. 그것 자체로 감동적인 일이었죠. 저는 처음에 어머니가 며칠 동안만 계실 거라고 생각했어요. 그런데 결국 어머니는 제가 재활 치료를 받는 5주 내내 저와 함께 계셨어요. 어머니는 제가 물리치료를 받는 것을 지켜보고 저를 안심시키면서 지지해주었어요. 저 혼자서는 처리할 수 없는 보험이나 서류 문제도 해결하시면서 든든한 후원자가 되어주었죠."

위스콘신대학의 리처드 데이빗슨Richard Davidson 뇌연구소 실험은, 사랑하는 사람이 곁에 있는 것만으로도 감정의 모드가 바뀔 수 있다는 사실을 밝혀냈다. 실험에 참가한 여성들에게 곧 경미한 통증 자극이 있을 것이라고 알리면서 뇌 활동을 영상 촬영했다. 여성들이 느끼는 불안은 편도체와 그밖의 위험과 경고를 담당하는 뇌 회로의 활동 증가로 나타났다. 그런데 이때 여성들에게 곁에 있는 남편과 대화를 나누게 하자 편도체 활동이 크게 줄어들었다.

어느 내담자는 이렇게 말했다.

"매일 아침 우리 부부는 일어나자마자 서로 따뜻하게 포옹을 해요.

그러면 우리에게서 서로 연결되어 있다는 행복한 느낌이 일어나요."

"남편은 우리 부부가 매일 아침 치르는 이 작은 의식儀式으로 옥시토신이 넘쳐 그날 하루의 안정 기초를 다지게 해준다고 말하죠."

연구자들은 이런 포옹을 할 때 생성되는 물질이 암컷 쥐가 새끼를 핥아줄 때 생성되는 물질과 유사하다는 사실을 발견했다. 사랑의 차원에서 인간과 동물은 별 차이가 없는 것이다. 사랑의 호르몬으로도 알려진 옥시토신을 생성시킬 수 있는 방법은 여러 가지가 있다. 이성 간의 포옹 말고도 가슴을 열어주는 따뜻한 대화나 친한 친구의 관심 등 자신이 받아들여지고 지지받고 있으며 사랑받고 있다는 확신을 받으면 우리 몸 안에서는 옥시토신이 분비된다. 나를 응원하는 사람과 이야기를 나누거나 지지를 받는 것만으로도 안정 모드가 커진다는 말이다. 우리는 서로가 서로에게 가슴의 면역 시스템 같은 존재가 되어줄 수 있다.

모드는 전염성이 있다. 안정 모드에 있는 사람 곁에 있으면 안정 효과는 전염된다.

자신의 모드를 더 잘 알게 되면 다른 사람의 모드도 더 쉽게 이해할 수 있다. 상대가 불안 모드에 빠져 있다면 그는 아마 쉽게 화를 내면서 예민하게 반응할 것이다. 평소에 상대가 당신을 믿고 따르는 사람이라면 이때 그저 그의 곁에 있어 주는 것만으로도 그에게는 도움이 된다.

상대의 불안감을 직접적으로 지적하거나 '그것 참 안됐다'는 식의 말은 별로 도움이 되지 않는다. 왜냐하면 불안 모드에 걸려 있는 동안 상대는 어떤 말도 귀에 제대로 들어오지 않을 것이기 때문이다. 그런 말은 오히려 이쪽에 대한 저항감만 키우게 된다. 다른 사람의 불안을 직설적으로 지적하는 것은 온전한 배려와는 거리가 멀다.

상대의 불안에 즉각적으로 반응하지 않을 필요도 있다. 당신은 상대가 먼저 친절함과 따뜻함을 느끼도록 해주어야 한다. 비록 그것이 잠재의식 수준일지라도 말이다.

나의 한 친구가 말했다.

"며칠 전 감기 때문에 비참하고 침울한 기분으로 마트에서 계산대 줄에 서 있는데 점원이 나를 쳐다보더니 더 없이 진실하고 친절한 태도로 이렇게 말하는 거야.

'오늘 잘 지내고 있어요?'

점원의 그 말이 나의 하루를 완전히 바꿔놓았어. 점원의 한마디로 그날 마트에서 집으로 돌아간 뒤 내가 가족들을 대하는 태도까지 싹 바뀌었지 뭐야."

지금까지 나의 워크숍에 참석한 사람들과 만날 수 있었던 것은 내게 커다란 행운이자 영감이었다. 그들은 정직하고 진실하게, 그리고 온 마음을 다해 마음을 열어 보여주었다. 처음에 그들은 낯선 사람이었지만 우리 사이에는 금세 신뢰가 싹텄으며, 우리는 동일한 공동체에 속한 사람들이라는 것을 느꼈다. 우리는 삶의 상실에 대해 이야기를 나누며 서로에게서 이러한 연결감을 계속해서 싹틔웠다. 우리는 상대의 고통을 가슴으로 나누며 각자의 통찰을 서로 이야기했다. 워크숍 동안 우리는 하나의 인간 가족이라는 것, 그리고 같은 본성을 공유하고 있다는 사실에 깊이 감사했다.

감정의 안정된 토대를 위한 5가지 요소

1. 믿을 만한 사람

다음 세 가지 질문의 답변을 떠올려보라.

- 늘 함께 시간을 보내고 싶은 사람은 누구인가?
- 당신이 불안할 때 위로해줄 사람은 누구인가?
- 언제라도 당신이 의지할 수 있는 사람은 누구인가?

이 질문에 답으로 떠오르는 사람은 당신이 의지할 수 있고, 즐겁게 함께할 수 있으며, 언제라도 당신을 위해 거기에 있어줄 사람이다. 그러나 이들이 반드시 당신 곁에 실제로 있어야만 이로운 것은 아니다. 당신이 괴로움을 당하고 있는 동안 이 사람들을 마음속에 떠올리는 것만으로도 감정의 안정 효과와 진정 효과를 기대할 수 있다.

유튜브에 한 동영상이 올라왔다. 어느 남자아이가 스케이트보드를 타다 넘어져 바닥에 쓰러져 있는데 길을 가던 한 남자가 아이를 도와주었다. 도움을 받은 남자아이는 몇 분 뒤 무거운 장바구니를 들고 길을 건너는 할머니를 보고는 할머니가 안전하게 길을 건너도록 장바구니를 들어주고 있었다. 사려 깊은 배려가 인간적 연쇄 고리를 만드는 순간이었다.

수십 년 동안 프레드 로저스Fred Rogers는 〈로저스 씨의 이웃〉이라는, 아이들이 가장 좋아하는 텔레비전 쇼 프로그램의 진행자를 맡았다. 그는 수백만 어린이들이 언제나 친근하게 다가갈 수 있는 따뜻한 마음을 가진 어른의 모습을 구체적으로 보여주는 사람이었다.

한때 로저스는 이런 말을 한 적이 있다.

"내가 어렸을 때 뉴스에서 무서운 사건을 보면 엄마는 말씀하시곤 했죠. '도와줄 사람을 찾아보렴. 너를 도와줄 사람을 언제든 찾을 수 있을 거다.'"

'무서운 일'이 구체적으로 어떤 것이든 상관없이 이것은 현명한 조언이다.

2. 친밀한 사랑

필립 셰이버Phillip Shaver와 그의 동료인 마리오 미쿨린서Mario Mikulincer는 감정의 안정된 토대 쌓기에 관해 연구했다. 그들은 연구에서 사람들에게 편안하고 안정적인 상황에 관한 이야기를 듣게 했다. 또 다른 연구에서는 따뜻한 교감의 상황을 머릿속에 그려보도록 했다. 화면에 '사랑' 같은 단어가 잠깐 나타났다 사라지는 것과 같은 무의식적 방법도 동원했다.

결과는 피실험자들이 능동적으로 감정의 토대 쌓기에 참여할수록, 즉 편안하고 안정된 감정에 자발적으로 노출될수록 그들 감정의 안정 곡선도 상승했다.

감정의 토대 쌓기가 전하는 강력한 메시지는 내면에 정신의 쉼터가 만들어진다는 점이다.

직장에서 사람들의 책상 위에 놓인 사진을 떠올려보라. 아마 틀림없이 그 사진들은 그가 가장 좋아하는 가족이나 애완동물, 장소에 관한 사진일 것이다. 이것은 단지 감상적인 향수 이상의 것으로 감정의 토대를 다지는 것들이다. 스트레스를 받는 순간 이 사진을 보면 잠깐일지라도 내면의 평화로운 오아시스를 느끼게 된다. 이 오아시스는 자신감을 갖도록 도와주며 자기 감정에 대해 깨어 알아차리게 한다.

아기를 품에 안고 어르는 엄마나 사랑을 속삭이는 커플, '포옹, 사랑, 친밀함' 같은 단어나 그와 비슷한 연상을 일으키는 이미지를 떠올릴 때도 이런 효과가 나타난다. 안정된 토대를 눈으로 보거나 생각하는 것만으로도 실제 상호작용과 유사한 진정 효과를 얻는 것이다.

감정의 안정을 추구하던 어느 여성은 자신이 믿을 수 없는 사람에게 그것을 구하고 있음을 깨달았다. 그 이후로 그녀는 다른 사람에 의존하지 않고 스스로 내면의 안정을 찾는 법을 새로이 터득했다.

내면의 토대는 반드시 특정한 사람에 의존하지 않아도 가능하다. 좋아하는 장소나 영적인 인물, 영감을 주는 지도자, 심지어 행복했던 과거의 기억도 거기에 충분히 교감할 수만 있다면 안정 토대로 작용한다.

3. 삶의 균형

맨해튼의 기공 지도자 양양은 사람들에게 균형 잡는 법을 가르친다. 격렬하게 움직이다가 어느 순간 갑자기 멈춰 서서 몸의 균형을 잡아야 하는데, 멈출 때는 양 발을 V자 모양으로 하고 한 발을 다른 발보다 조금 앞쪽에 두어야 한다.

이것을 연습하는 방법으로 양양은 빠른 록을 들려주면서 사람들에게 방 안을 마음대로 돌아다니며 춤을 추라고 말한다. 그러다 갑자기 음악이 멈추는 순간, 사람들은 균형 자세를 취해야 한다. 이것은 삶의 소용돌이 한가운데서 힘과 균형을 찾는 연습이다.

4. 교감의 공간

어린 세 자녀를 둔 가족이 낡은 집에 살고 있었다. 집은 좁았다. 특히 부엌이 아주 좁았다. 가족은 부엌에서 주로 지냈지만 너무 좁아서 가족들 사이에 마찰이 자주 일어났다.

마침내 그들은 가진 돈의 범위에서 부엌을 개량해보기로 했다. 많은 부분을 가족 스스로 해결하며, 일부만 기술자의 도움을 받았다. 벽을 허물어 공간을 넓혔다. 그러자 가족들의 마음에도 변화가 생겼다. 가족들은 집에 돌아오면 더 널찍하면서도 안락한 공간을 갖게 되었고, 서로 더 잘 교감하게 되었다. 새로운 요리를 만들어 먹으면서 서로의 마음을 다독였다. 새롭게 단장된 부엌은 이제 이 가족에게 없어서는 안 될 삶의 교감의 장소가 되었다.

5. 휴식이 가능한 자연

해로운 감정의 모드에서 벗어나는 데 자연은 빼놓을 수 없는 요소다.

비즈니스 컨설턴트인 토니는 어느 기업의 직원들에게 복잡한 시스템을 설명하는 일을 오랜 기간 맡아왔다. 그 일은 보상이 적었으며 무척 힘이 드는 일이었다. 직원들은 시스템에 대해 알려고도 하지 않았다. 그는 매번 좌절했으며 때로 울분을 참지 못하고 터뜨렸다. 마침내 토니는 자신의 분노를 어떻게 다루어야 할지 몰라 감정적 궁지에 몰리고 말았다. 그는 의사를 찾아갔다. 의사는 그에게 무조건 휴가를 떠나라고 권했다. 토니와 그의 아내는 토르톨라Tortola라는 섬의 가장 높은 산등성이에 렌트 하우스를 예약했다. 두 사람은 자욱하게 피어오르는 구름과 멀리 보이는 섬들, 그리고 훤히 트인 바다를 즐기면서 2주 동안 만족스러운 시간을 보냈다. 토니는 깊은 평화를 느꼈다.

다시 직장으로 돌아온 토니는 휴가지에서 지내던 장면을 떠올리는 것만으로도 마음이 느긋해진다고 의사에게 말했다. 그는 그것을 '내면의 토르톨라'라고 불렀다.

자신의 문제가 작아 보일 때

잰은 남편과 함께 태국의 해변에서 휴가를 즐기고 있었다. 그런데 썰물 시간이 아니었는데도 갑자기 바닷물이 해안선에서 밀려나더니 백사장의 바닥이 순식간에 드러나기 시작했다. 잰의 남편은 이것이 쓰나미가 밀려오는 징조라는 것을 알아차리고는 이렇게 외쳤다.

"지금 당장 언덕까지 최대한 빨리 뛰어야 해!"

뛰고 또 뛰어 높은 지대에 이르렀을 즈음, 거대한 파도가 그들을 덮쳤다. 잰은 파도가 강타했을 때 바다로 휩쓸려가지 않기 위해 필사적으로 나무를 붙잡았다. 파도가 물러나자 그녀는 다시 언덕배기까지 달렸지만 파도는 다시 그곳마저 휩쓸었다. 하지만 잰은 기어이 살아남았다.

간호사였던 잰은 쓰나미가 물러간 후 부상당한 사람들을 도왔다. 잰은 손가락 하나를 잃은 남편부터 돌봐주었다. 그리고는 다른 생존자들을 구하기 위해 나섰다. 자신이 할 수 있는 최선을 다해 그들의 부상을 치료했다. 피를 많이 흘려 죽을 뻔한 어느 노인을 구하기도 했고, 한 쪽 다리를 잃은 여성을 구조하기도 했다. 물론 살아날 가망이 없는 사람도 많았다.

내가 이 참상에 관해 알게 되고 얼마 후, 잰이 태국에서 전화를 걸어왔다. 우리는 외상후 스트레스장애에 관해 이야기를 나눴다. 그녀는 자신이 견뎌야 했던 참상의 충격과 주변에서 목격했던 끔찍한 고통을 고스란히 받아내고 있었다.

잰은 생각에 잠긴 듯 잠시 멈추었다가 내게 말했다.

"내가 다른 사람을 도울 수 있다는 생각에 이런 재난에 직면해서도 무력감이 조금이나마 줄었어요."

그 순간 잰의 말이 그렇게 반가울 수가 없었다. 잰은 자신의 무력감 때문에 어쩔 줄 몰라 하며 나를 찾아와 감정의 치유를 받고 있었다. 잰과 그녀의 남편은 물리적인 상처로 고통을 받았지만, 마음은 강건하게 회복의 길을 걷고 있었다. 오히려 그들은 쓰나미를 직접 겪음으로써 감정의 토대를 더 단단히 쌓고 있었다.

달라이 라마는 이렇게 말한다.

"자각의 공간이 작으면 개인적인 괴로움이 크게 느껴집니다. 그러나 자신보다 더한 처지에 있는 사람이 존재한다는 것을 자각하는 순간, 마음은 넓어져 자신의 문제가 작아 보이기 시작합니다."

감정의 토대를 쌓으려면

명상

명상은 우리를 둘러싼 끊임없는 자극들을 최대한 차단시킨다. 명상 수행하는 스님들의 뇌를 정밀히 분석한 결과, 그들은 자극 추구와 연관된 뇌 부위를 효과적으로 '차단'할 수 있다는 사실이 밝혀졌다. 어떤 경우에는 명상이 몸 안에서 공간감각과 의식을 분리시키기도 한다. 그 결과 마치 영혼이 육체로부터 분리되는 듯한 느낌을 가질 수도 있다.

사무실이든, 집에서든, 야외에서든 어디서나 할 수 있는 명상 방법은 다음과 같다.

- 느슨하고 편안한 자세로 허리를 편 채 긴장을 푼다.
- 눈을 감고 천천히 깊게 숨을 들이마시고 내뱉는다.

- 손의 힘을 빼고 손바닥을 위로 향해 가볍게 허벅지 위에 올려놓는다.
- 손바닥으로 '우주의 에너지'를 끌어들인다고 상상한다.
- 마음에 대한 모든 통제를 풀고, 생각들이 마음대로 오가도록 내버려둔다.
- 5분 정도 지나면, 서서히 눈을 뜨고 현재의 순간으로 돌아온다.

수면

충분한 수면은 휴식만큼이나 중요하게 마음의 진정제 역할을 한다. 아침에 일어나 맑고 상쾌한 감정을 느끼려면 숙면을 취해야 한다. 수면은 하루에 6시간 내지 8시간 정도가 필요하다. 수면이 부족하면 부적응적 모드는 더 쉽게 촉발된다. 잠을 못 이루면 스트레스가 심해지는 것이다. 숙면을 취하지 못하는 기간이 장기간 지속되면 기억력도 현저히 떨어진다.

불면증의 경우에는 의사를 찾는 것이 좋다. 수면부족이 오랫동안 지속되면 면역체계에 심각한 문제가 생길 수 있으며, 우울감도 쉽게 찾아와 삶을 더 부정적으로 보게 된다. 수면 패턴을 개선하면 감정은 눈에 띄게 안정을 찾을 수 있다. 수면 문제를 해결하라.

휴식

휴식은 감정의 토대를 쌓는 중요한 요소 중 하나다. 가장 좋은 휴식법은 역시 자연 속으로 들어가는 것이다. 하지만 자연으로 떠나지 않고도 휴식 효과를 얻는 방법이 있다. 그것은 일상적으로 호흡을 조절하는 것이다. 불안을 느낄 때 호흡은 가빠지고 얕아진다. 그러면 긴장은 지속되고 불안도 오래간다. 그럴 때는 의식적으로 호흡을 천천히 길게 반복할 필요가 있다. 가령 면접이나 프레젠테이션 등 긴장감이 팽팽한 순간 심호흡은 적지 않은 도움을 준다. 더 나은 방법은 평소에 수시로 심호흡을 하는 것인데, 그럼으로써 한결 차분하고 느긋한 감정의 모드로 다가갈 수 있다.

호흡은 코로 깊게 숨을 들이마신 뒤 입으로 내뱉되, 한 번 숨을 들이쉴 때와 내쉴 때 각각 7초 정도가 걸려야 가장 이상적이다. 호흡을 하면서 상상할 수 있는 가장 차분한 자신의 모습을 마음속에 그리면서 말이다.

3부

감정을 다스리면 얻어지는 것들

1

마음의 소리가 들리다

각자 다른 불교 전통에서 활동하는 두 탁월한 지도자가 서로 만날 기회가 있었다. 티베트 바즈라야나의 영적 지도자인 욘게이 밍규르 린포체Yongey Mingyur Rinpoche와 버마의 테라와다 전통에서 수행하고 있는 우 떼자니야 사야도U Tejaniya Sayadaw가 그들이다. 이것은 드문 일이었다. 테라와다 전통과 바즈라야나 전통의 스승들이 서로 한자리에 모일 기회는 거의 없었다.

우연히도 두 스승 모두 젊은 시절에 힘든 마음의 병을 앓았다. 그들은 그런 경험이 자신들의 영적 성장에 크게 영향을 미쳤다고 말한다. 우 떼자니야 사야도는 우울증이었고, 밍규르 린포체는 공황장애였다.

우 떼자니야는 열네 살 때부터 조금씩 명상 수행을 시작했지만,

당시 그의 마음은 자신이 '추한 것'이라고 이름 붙인 우울증에 완전히 잠식당해 있었다. 그는 십대 때 우울증을 겪은 뒤 얼마 후 한 차례 더 우울증을 앓았다. 두 차례 모두 회복하는 듯했지만 회복기간은 오래가지 않았다. 이십대 후반에 세 번째로 다시 우울증을 겪었을 때는 증세가 너무 심해 3년이나 지속되었다. 당시 그는 버마의 수도인 양곤에서 가게를 운영하고 있었는데, 우울증으로 끝도 모를 감정의 나락에 자주 빠져들었다고 한다.

우 떼자니야는 승려가 되겠다고 결심했다. 그것은 버마에서 흔히 있는 일이었다. 사원의 주지스님을 만난 뒤 그는 다시 명상에 들어갔다. 이번에는 뭔가 새로운 것을 자신의 명상 수행에 추가해야 한다고 생각했다. 그것은 현명한 분별력이었다. 그는 자신의 우울증을 예리한 관심의 목표로 삼았다. 우울증이 어떻게 작동하는지 알기 위해 그것을 지속적으로 관찰했다. 어떤 생각이 마음에 떠오르는지, 그리고 그 생각들이 어떻게 우울한 기분을 악화시키고 경감시키는지 지켜보았다.

그때의 기억을 그는 이렇게 떠올린다.

"이전에 나는 우울증에 휘둘리며 살았습니다. 하지만 뭔가 적극적으로 대처할 수 있다는 걸 알게 되었습니다."

그는 자신의 우울증을 살피고 그것을 기록했다.

우 떼자니야는 관심을 갖고 바라보면 지혜는 반드시 따라온다고 말한다. 우울증을 겪는 동안 그는 자신의 감정과 싸움을 벌이며 오직 그것을 극복하겠다는 일념을 가지고 있었다. 하지만 그것은 결과적으로 긴장만 더 일으킬 뿐이었다. 그러나 이번에는 다른 태도를 가졌다.

"어떤 현상이든 그것의 본질을 알고 이해하려는 건강한 욕구가 필요합니다. 결과에 대한 어떠한 집착도 없이 말이죠."

그의 우울증은 점차 가벼워지기 시작했다. 부정적 사고를 떨쳐내면서 자신의 우울증이 영원하지 않다는 것을 깨달았다. 우울증에서 벗어날 수 있다는 확신을 얻은 것이다. 그 후 그는 더욱 진지한 수행자가 되었으며 계속해서 승려로 남겠다는 결심을 굳혔다. 그는 이 시대의 훌륭한 스승이다.

밍규르의 공황발작은 극심한 불안을 겪던 아동기에 시작되었다. 13살 때 3년간의 안거를 시작한 후에도 첫 1년 내내 지독한 불안에 시달렸다. 안거 수행자들이 매일 염불을 위해 모이면 북소리, 나팔소리 때문에 '미칠 것' 같았다.

"공황은 그림자처럼 나를 따라다녔어요."

그의 불안 증상은 목구멍의 긴장과 조임 같은 신체적 증상에서부터 어지럼증, 공포의 파도까지 다양했다. 안거 첫 해가 끝날 무렵 밍규르는 자신이 너무나 비참하게 느껴진 나머지 남은 2년을 방 안에서만 보내기로 했다.

밍규르는 자신이 배운 것을 적용해보기로 했다. 즉 자신이 느끼는 불안을 수행의 대상으로 삼기로 한 것이다. 그는 자신의 불안이 어떻게 왔다가 사라지는지 보았다. 그것들은 마치 하늘의 구름처럼 지속성도 고정성도 없다는 것을 알았다.

그는 '작은 문제에 집착하는 것이 어떻게 큰 문제로 이어지는지' 깨닫기 시작했다. 한때 그를 두려움에 떨게 했던 생각들도 이제 일시적이고 별것 아닌 것으로 느껴졌다. 그리고 그의 공황은 사라졌다.

우울증과 공황장애는 심각한 임상 모드로서 정신을 휘어잡는 감정 상태다. 하지만 밍규르와 우 떼자니야는 현명하게 그것들을 물리쳤다.

이들 스승에게 영적 구도의 길은 단지 상징적인 것이 아닌 실제적인 치유의 수단이었다. 그것은 오랜 기간의 고통 끝에 얻은 정서적 안식처였다. 우 떼자니야와 밍규르 린포체가 발견한 것은 영적 자유로 들어가는 문이었다. 그들은 자신들이 겪었던 괴로움 덕분에 위대한 지혜의 원천에 닿을 수 있었고, 세계 각지에서 온 제자들은 그들의 가르침에 더 쉽게 다가갈 수 있었다.

우리는 명상 수행으로 얻은 정신 기술을 치열한 일상에서 적용할 수 있어야 한다. 칸드로 체링마Khandro Tseringma가 말하듯이 "마음을 변화시키는 작업은 언제 어디서든, 어떤 환경에서도 수행할 수 있어야 한다."

명상이 끝난 후에도 명상 수행으로 강화된 정신 능력을 지속시킬 수 있다면 일상의 도전에도 당황하는 일은 줄어들 것이다. 예컨대 해로운 감정의 모드를 촉발하는 자극에 직면해서도 평정심을 유지할 수 있다. 명상 수행에 참가한 그리그는 이렇게 말했다.

"명상은 제가 세상을 보는 방식을 바꿔놓았습니다. 그리고 저의 습관적인 패턴을 이해할 수 있는 도구도 제공해주었습니다."

"때로 자동적 반응 패턴에 걸려들기도 하지만, 상황을 분명하게 볼 수 있다는 확신이 생겼습니다. 아직도 의심과 두려움, 좋음과 싫음, 판단과 절망, 탐욕 같은 것들이 계속해서 마음속에 일어나긴 하지만, 이제는 그것들과 기꺼이 마주하면서 인내심을 갖고 탐구하려는 자세를 갖게 되었습니다."

정신 능력을 충분히 활용하기 위해서는 명상의 습관화가 필요하다. 명상은 삶의 혼란의 한가운데서 온전히 자기 자신으로서 깨어 있기 위한 것이다.

명상은 붓다 이후 불교 수행에서 지속적으로 사용되어 온 마음 훈련법이다. 명상을 위해 반드시 불교 신자이어야 할 필요는 없다. 명상은 보편적으로 유용한 통찰이자 자아 단련법이다.

내 마음과의 화해

힘으로 야생마를 길들이는 것은 아주 낡은 방식이다. 낡은 방식에서는 로프를 사용해 말을 통제한다. 말은 본능적으로 거기에 저항하게 되고 금세 몸과 마음이 지친 상태에 빠진다. 그러면 그 말은 얼마 못가 '쓸모없는' 말이 되어버린다.

명상에서도 이런 태도를 갖는 사람들을 나는 보아왔다. 그들은 자신의 마음을 통제하려고 애쓴다. 명상 중에 난관을 만나면 그들은 그것을 극복해야 하는 도전으로 여긴다. 하지만 스스로의 마음에 대해서까지 그런 '지배적인' 태도는 말을 쓸모없게 만드는 것과 다를 바가 없다.

억지로 마음을 길들일 수는 없다. 단지 있는 그대로의 마음과 화해할 수 있을 뿐이다. 그러기 위해서는 포식자 같은 태도를 버려야 한다. 자신이 그리는 어떤 이상을 따르도록 마음과 싸움을 벌여 강제하는 것을 그만두라는 말이다. 자신의 마음이 자유롭게 뛰어놀 수 있는 넓은 풀밭을 마음속에 만들어야 한다. 이것은 의지대로 조종하는 것이 아니라, 그저 마음을 여는 것이다.

명상을 뜻하는 티베트 단어에는 '익숙해진다'는 의미가 포함되어 있다. 명상을 반복하여 그러한 정신적 일과가 습관처럼 익숙해진다는 의미다. 명상은 지금까지와는 다른 새로운 감정의 반응법을 마음에 가르치는 작업이다.

옥스퍼드 영어사전은 명상을 '주의를 한곳에 두는 일(집중)'그리고 '관심을 갖고 관찰하는 일(통찰)'이라고 정의하고 있다.

주의를 한곳에 두는 일은 차분한 마음으로 정신을 한곳에 모으는 일이다. 정서 영역과 관련하여 자기 감정의 모드를 살필 때 지속적인 집중은 반드시 필요한 도구다. 이것은 내적 평형 상태를 만들며, 지나치게 비판하거나 낙담하지 않고도 모드를 관찰할 수 있게 한다.

확장되는 마음

마음이 차분해지면 마음은 더 확장되는 경향이 있다. 지금까지 보지 못했던 것들이 보이기 시작하는 것이다. 자신을 더 명료하게 바라보게 되고 현재 주변에서 무엇이 벌어지는지 알아볼 수 있게 된다.

마음을 집중하는 일은 흙탕물을 가라앉히는 일이다. 흙탕물을 가만히 놓아두면 흙은 아래로 가라앉고 물은 맑아진다. 집중은 마음에 섞인 흙가루를 가라앉혀 마음의 산란과 방황을 없애고 명징한 상태를 얻는 일이다.

에바는 마음을 한곳에 모으는 집중 훈련으로 감정의 모드를 바꾸는 데 큰 도움을 얻었다고 말한다.

"주의를 한 곳에 모으는 연습을 반복하자 저를 괴롭히는 감정을 잠재울 수 있었어요. 감정의 습관적인 반응으로부터 숨 돌릴 공간이 더 많이 만들어지는 것 같았어요. 불편한 감정에 직면할 때마다 무조건 거기서 빠져나가기 위해 출구를 찾는 성향이 확실히 줄었어요."

배들은 물살이나 바람에 배가 떠내려가지 않도록 닻을 내려 배를 정박시킨다. 한 곳에 마음을 모으는 것은 마음의 닻을 내리는 일이다.

조용한 곳에 앉아 자신의 호흡에 마음을 집중해보라. 호흡을 통제할 필요는 없다. 그저 호흡의 감각을 온전히 알아차리면 된다. 호흡에 지속적으로 마음을 머물게 하면 주의력은 점차 안정적으로 변한다. 이 연습은 소리, 이미지, 느낌 등 일상의 모든 경험에 깨어 있는 힘을 키운다. 현재 일어나고 있는 일에 주의를 쏟게 하는 것이다.

명상의 기본도 주의를 한 곳에 모으는 일이다. 주의를 모아 마음이 가지런하면 생각이 건너뛰어 다니며 자신이 하던 일을 망각하는 버릇도 줄어든다.

집중 명상을 뜻하는 산스크리트어 사마디samadhi는 '모은다'는 의미다. 무엇을 분명하게 보려면 집중하고 차분해짐으로써 마음을 모아야 한다.

불안은 집중이 없어 일어나는 결과다. 불안은 감정을 동요하게 만든다. 순간 흥미로워 보이는 어떤 일에든 휩쓸리는 산란하고 뿌리가 없는 마음 상태가 대개 불안의 원인이다. 생각이 이곳저곳으로 떠돌면 마음은 충동에 조종당하기 더 수월해진다.

불안은 물단지와 같다. 물 단지를 흔들어 물결이 일렁이면 거기에는 자신의 모습을 제대로 비춰볼 수가 없다.

베키는 집 밖으로 나가는 것이 항상 두려웠다. 그녀는 자신이 안전하지 않으며 안 좋은 일이 자신에게 벌어질 거라고 늘 염려했다. 집 안에 완전히 갇힌 신세는 아니었지만, 생활은 이미 그런 쪽으로 흘러가고 있었다. 그녀의 부모님은 지나치게 안전에 민감한 분들로서, 베키가 어릴 적 겪었던 조그만 사고에도 항상 과잉 반응했다. 이 때문에 베키는 늘 자신이 약한 존재라고 믿게 되었다. 뉴스에서 건설 현장의 크레인이 행인을 덮친 사고를 보도하면 베키의 부모님은 자기 가족에게도 그런 일이 일어날지 모른다며 과도하게 걱정했다.

그러던 베키가 호흡에 집중하는 명상으로 자신의 왜곡된 감정 도드에서 깨어나기 시작했다. 베키는 자신의 마음속에 두려움을 각인시켰던 과거의 경험들을 차분히 떠올렸다. 또 자신의 두려움이 실제와는 다른 것이라는 사실도 깨닫기 시작했다.

그녀는 외출을 결심했다. 처음에는 호흡을 의식하면서 집을 에워싼 담까지 걸어갔다. 걸어가는 동안 두려운 생각들이 끊임없이 오갔다. 호흡은 빨라지고 느려지기를 반복했다. 베키는 그런 자신의 상태를 유심히 관찰하면서 다음 날 다시 도전했다.

그런데 며칠이 지나자 담까지 걸어가는 일은 이제 아무렇지도 않은 일이 되었다. 자신감을 얻은 베키에게 다음 단계는 담장 바깥의 도로를 따라 걷는 것이었다. 그리고 그것도 얼마 후, 마침내 베키는 신선한 공기를 마시며 편안한 마음으로 도로를 따라 걸을 수 있게 되었다. 집밖에서 걷는 일은 두려움이 아니라 마음에 힘이 솟는 일이라는 것을 베키는 깨닫게 되었다. 베키에게 집 밖으로 나가는 일은 더 이상 두려운 일이 아니었다.

마음이 내는 소리

장기간 위빠사나 觀法, 감정을 뚜렷이 관찰하는 불교 수행법 수행에 참가한 한 여자가 점심시간에 식탁에 올라온 맛있어 보이는 딸기를 보고 자신의 마음에 탐욕이 일어나는 것을 느꼈다. 탐욕을 알아챈 그녀는 즉각 그것을 좇아 행동하지 않았다. 이 감정은 단 몇 초 사이에 세 번이나 일어났다. 그녀는 자신이 딸기에 손을 뻗지 않은 것에 매우 만족해했다.

나중에 그녀는 자신이 의지력을 발휘한 이 경험을 스승인 우 떼자니야에게 상세하게 보고했다. 그러나 그에 대한 스승의 반응은 다소 뜻밖이었다.

"당신은 마음에 일어난 탐욕을 분명하게 보았군요. 하지만 자각 자체가 탐욕의 성질을 변화시킵니다. 그러므로 그냥 딸기를 먹었어도 탐욕은 이미 자각으로 한 발 물러난 상태였을 것입니다."

물론 해로운 충동에 대해서는 자제가 필요하다. 하지만 떼자니야가 강조한 것은 특정 경험 자체보다 감정이 그것에 어떻게 반응하는지를 자각하는 것이 더 중요하다는 점이었다.

일상에서 일어나는 자신의 감정 반응을 바라보는 것은 감정의 모드에 주파수를 맞추는 일이다. 감정의 모드가 만들어내는 습관적 반응이 마음의 시끄러운 소리라면, 그 모드의 느낌을 자각하는 것은 마음의 속삭임이다.

팔리 어로 웨다나vedana는 '알다', '느끼다'라는 의미다. 웨다나는 하나의 생각에 빠져들지 않은 채로 집중을 유지하는 수행이다. 느낌에 대한 이러한 자각을 통해 현재의 경험이 즐거운 색조를 띠고 있는지 불쾌한 색조를 띠고 있는지 관찰하게 된다.

붓다는 어느 시적인 구절에서 감정의 무상한 성질을 하늘에 부는 바람에 비유했다. 한 순간에 이쪽으로 불었다가 바로 다음 순간 저쪽으로 부는 바람으로 말이다. 우리 마음에 일렁이는 느낌들도 바람과 비슷해서 그것은 차갑다가도 따뜻하며, 축축하다가도 건조하고, 맑다가도 먼지가 일어난다. 느낌에 대해 관찰해야 하는 주된 성질은 아주 간단하다. 그것은 바로 '느낌이 유쾌한가, 불쾌한가, 아니면 유쾌하지도 불쾌하지도 않은가?' 하는 것이다.

느낌을 관찰하는 자각은 생각과 이미지, 그리고 마음에 일어나는 긍정적이고 부정적인 감각들을 관찰하는 일이다. 여기서는 생각의 내용이 아니라 그것에 따라다니는 느낌의 관찰이 중요하다.

느낌을 충분히 자각하면 그것이 의식에 들어오는 순간, 우리는 반응과 해석, 투사를 일으키기 전에 분명하게 그것을 통솔할 수 있다. 모드의 영향 아래에 있을 때라도 느낌에 단지 주파수를 맞추는 것만으로 마음에는 여유 공간이 생긴다.

느낌을 관찰하면 부정적 모드가 마음을 온통 사로잡는 정신적 덫이 되기 이전에 그것을 포착할 수 있다. 여기서 중요한 것은 대상을 변화시키거나 고치는 것이 아니라, 어떤 일이 일어나더라도 '그것을 있는 그대로 바라보는 일'이다.

그러므로 불편함을 관찰할 때도 그것을 줄이거나 사라지게 만들려고 애쓸 필요는 없다. 다만 그 불편한 느낌에 대한 자신의 감정적 반응을 관찰해야 할 뿐이다. 불편함은 그것 자체로는 문제가 아니다. 그것은 그저 각자의 감각일 뿐이다. 그 감각에 대한 자신의 반응 때문에 문제가 생긴다.

외부 대상과 그것에 대한 반응으로 일어나는 자신의 좋음과 싫음을 있는 그대로 바라보면, 그 밑바닥에 자리하고 있는 자신의 집착과 혐오, 무관심이라는 주요 모드를 탐지할 수 있다.

밍규르 린포체가 맨해튼의 한 호텔에 머무는 사흘 동안 따뜻한 물이 나오지 않았다. 만약 그런 일을 당한다면 누구라도 호텔 매니저에게 불만을 터뜨리며 다른 방으로 바꾸거나 환불을 받고 다른 호텔로 옮겼을 것이다. 하지만 린포체는 자신의 곤란했던 경험을 이야기하면서 계속 웃음을 지었다.

밍규르 린포체는 '인간 연잎' 같은 사람이다. 그야말로 존재의 가벼움으로 사는 사람으로서, 따뜻한 물이 나오지 않는 불편도 그에게는 문제가 되지 않았다.

그는 마음을 키우는 방법을 이렇게 가르친다.

"무엇도 막지 말고 마음에 일어나는 어떤 생각과 느낌도 왔다가 사라지도록 내버려두라. 하나의 생각에 머물지 말고, 지금 여기에서 일어나는 일을 그저 알아차려라."

2

더 현명해지다

미국 코네티컷 주 북서부에 위치한 버크셔 산맥의 한 마을에서 나는 숲으로 둘러싸인 커다란 들판을 발견했다. 그곳에는 정교하게 설계된 복잡한 미로가 있었는데 프랑스 사르트르 대성당의 축소판을 보는 것 같았다. 꽃이 장식된 미로는 마치 미니 성지 순례를 떠나는 것처럼 방문객들에게 시간을 벗어나 여유로운 산책을 즐기도록 손짓하고 있었다.

입구의 표지판에는 '모든 생각을 내려놓고 경험하는 모든 것에 마음을 열라.'고 씌어 있었다. 미로에 들어서면 나무로 된 관문을 지나게 되는데, 이 문은 일상적인 것들을 내려놓은 채 비일상적인 곳으로 들어간다는 상징적인 의미를 갖고 있었다.

미로 여행을 시작하면서 나는 지금부터 모든 경험에 대한 평가와 판단을 내려놓겠다고 결심했다. 마음을 열고 떠나는 미지의 영역은 신비로움마저 감돌았다.

미로를 따라 정교하게 배치된 돌과 거기에 장식된 꽃의 아름다움을 느껴보았다. 이런 경험은 너무도 즐거운 것이었다. 멋진 미로 속에 갇힌 것 같은 황홀한 착각이 일었다. 내 앞에 무엇이 나타날지, 그리고 미로를 빠져나가는 데 얼마나 시간이 걸릴지 무척 궁금했다.

사실 그럴 만도 했다. 미로는 원래부터가 그런 경이로움을 자아내기 위해 디자인된 것이기 때문이다. 나는 어디가 목적지인지도 알 수 없는 채로 오랜 시간을 이리저리 방황하며 걸었다. 미로 걷기는 마치 나의 삶처럼 방황과 모색의 순례 여행 같았다.

미로를 걷는 동안 마음속 좋음과 싫음은 발밑의 먼지처럼 가라앉았다. 나는 어딘가 정해진 목적지를 향해 허둥대지 않았다. 생각과 느낌이 일어났다 사라졌고, 미로는 자연스럽게 내 앞에 펼쳐졌다.

늦은 오후의 투명한 햇빛이 미로를 둘러싼 참나무들에 내리쬐고 있었다. 햇볕은 나뭇가지 사이의 공간을 밝게 비췄다. 돌들이 깔린 미로에 조금씩 그림자가 드리워지고 나는 부드럽게 현재로 초대받고 있었다. 가야할 곳도, 되어야 할 존재도 없이 나의 마음은 그저 자유로워지고 있었다.

밥 말리Bob Marley는 자신의 노래 〈구원〉에서 이렇게 노래한다.

"정신의 노예에서 해방되라. 내 마음을 자유롭게 할 수 있는 사람은 나밖에 없으니."

중세 성당에서 미로가 흔했던 이유 가운데 하나도 이러한 자유를 향한 열망 때문이었다. 미로는 애당초 외부인의 침입과 탈출을 막는 방편으로 건축되었지만, 실제로는 자유를 향한 내면의 추구를 돕는 영적 도구로서 활용되었다. 사람들은 미로를 걷는 동안 일상적인 마음 상태를 내려놓고 차분하고 고요한 내면의 힘을 키울 수 있었다.

일상적인 좋고 싫음에서 벗어나 현명한 내면의 모드로 들어가면 집착과 자기중심성에서 자유로워짐을 느낄 수 있다. 온전하게 지금 이 자리에 있는 것 이외에 다른 데 정신이 팔리지 않는다. '반드시 어떠해야 한다.'는 완고한 집착으로부터 멀어지는 것이다.

자연스러운 흐름과 함께 하는 삶일수록 이유 없는 행복감은 자주 찾아온다. 행복의 감정은 특정한 외부 사건과 무관하다는 게 거의 모든 심리학자들의 공통된 견해다. 행복이 성취나 금전적 이익에 달려 있지 않다는 뜻이다. 그래서 행복감을 많이 느낄수록 지위, 권력, 부를 추구하는 탐욕도 잦아드는 모양이다.

자연적인 흐름의 상태에서는 감정도 진화한다. 슬픔과 불안도 더 편안하게 받아들일 수 있다. 불편한 감정들에 집착하거나 회피하지 않고도 말이다.

현재의 순간에 몰입함으로써 지루함도, 오락거리를 찾을 필요도, 무의미한 일들 속에서 자아를 잃어가면서 위로받을 필요도 느끼지 않는 상태를 불교심리학에서는 '현명한 가슴'이라고 부른다. 현명한 가슴이 되어 사물을 바라보면 세상은 그 자체로 충만하다. 반복적인 일이라도 우리는 거기에 몰두할 수 있다. 매 순간이 새롭게 펼쳐지면서 순수한 기쁨의 원천이 된다. 이때 삶은 가장 만족스러운 방식으로 계속해서 앞으로 나아갈 것이다.

서양의 스토아 학파를 비롯한 세계의 영적 전통들은 오랫동안 이런 삶의 태도를 귀하게 여겼다. 기독교 수도사들 역시 힌두교 등 다른 전통의 수행자와 마찬가지로 세속적인 집착을 끊어내는 내면적 성장의 지도를 따라 수행한다. 그것은 일상적인 심리적 적응을 넘어선 보다 이로운 존재 모드를 얻기 위한 것이다.

나는 개인적으로 불교 전통을 따라 수행하고 있지만, 우리를 해로운 감정의 습관에서 조금씩 벗어나게 도와주는 길에는 여러 갈래가 존재한다.

우리가 지닌 대부분의 감정 습관은 생존을 도왔던 진화의 힘으로부터 간접적으로 생겨난 것들이다. 그러나 현명한 가슴은 심리학의 관점을 넘어 인간의 능력 범위를 더 멀리 확장하고 초월적 경지로 안내한다는 점에서 새로운 지평을 열었다고 말할 수 있다.

몇몇 이론가들은 동양과 서양의 심리학 모델을 다음과 같은 역설로 조화시키고 있다.

"자아를 내려놓을 수 있으려면 튼튼한 자아를 먼저 확립해야 한다."

"완전히 무너지지 않으면서 조각날 수 있어야 한다."

이 말은 부서지지 않는 튼튼한 자아 감각을 가져야 한다기보다, 진실한 본성에 대한 확신을 갖고 자신의 마음을 자유롭게 하는 법을 알아야 한다는 의미일 것이다.

여섯 가지 자질

마틴 루터 킹 주니어는 성경에 나오는 선한 사마리아인의 비유를 들었다. 도움을 외면하고 자기 길을 갔던 사람들은 이렇게 물었다.

"내가 멈춰 서면 나에게 어떤 일이 벌어질까?"

하지만 선한 사마리아인은 질문을 이렇게 뒤집었다.

"만약 내가 멈춰 서서 이 사람을 도와주지 않으면 이 사람은 어떻게 될까?"

불교에서는 이 변화를 육六바라밀로 이야기한다. 바라밀은 '완성'을 뜻하는 불교 용어로서, 깨달음의 강을 건넜을 때 상승하는 개인적인 '자질'을 말한다. 깨달음의 강은 내면의 지혜와 연민의 영역으로 옮아갈 때 건널 수 있다. 여섯 가지 바라밀은 인간의 진정한 본성의 표현이다.

첫 번째 자질은 베풂이다. 남에게 무언가를 줄 때 그에 대한 보상을 기대하지 않는 마음이 베풂이다. 이타적인 베풂이기 위해서는 내가 무엇을 얼마나 많이 주느냐가 아니라 어떤 동기를 가지고 주느냐가 중요하다. 무언가를 줄 때 그 동기는 그저 그 사람이 잘 되기를 바라는 것이어야 한다. 주는 것이 반드시 물질적인 것이어야 할 필요도 없다. 누군가에게 온전히 관심을 가져주는 것, 혹은 기꺼이 그 사람 곁에 있음으로써 도움을 주는 것도 베푸는 것이 된다. 베풂은 탐욕에 대한 해독제로서 시간과 노력, 소유물, 돈 등 자신이 가진 무엇이든 기꺼이 남을 위해 주는 것이다.

두 번째 자질은 도덕성이다. 도덕성은 규율과 정직에 대한 감각에서 나온다. 생각으로라도 다른 사람에게 해를 입히지 않고 행동에 윤리를 갖추겠다는 결심은 내면의 부정적인 것들, 특히 분노와 적의, 그리고 후회와 죄책감을 씻어낸다. 아무것도 숨길 것이 없다면 편안한 마음으로 자연스러운 자신감을 가지고 세상을 살아갈 수 있다.

세 번째 자질은 인내다. 인내는 관대함과 받아들임을 일으키는 내면의 깊은 자질에서 뿜어져 나온다. 인내는 어려움에 직면해서도 침착함을 유지하는 힘에 기초하고 있다. 이런 내면의 침착성은 감정을 억압하거나 부정하는 것이 아니라, 사물의 무상한 성질에 대한 통찰과 함께 진실한 마음의 열림에서 나온다.

네 번째 자질은 활력이다. 끈기를 지니고 영적 목표를 즐겁게 추구할 때 활력이 솟는다. 역경을 견뎌내는 용기와 높은 수준의 수행을 지속할 수 있는 힘도 활력에서 나온다. 활력의 많은 부분은 내가 타인에게 도움을 줄 수 있음을 깨닫는 데서 나온다.

다섯 번째 자질은 집중이다. 집중은 정신적 안정의 핵심에 있다. 산만하고 몽상적인 상태에서는 똑같은 습관을 계속해서 반복하게 된다. 마음을 한곳에 모으는 연습을 하면 주변 환경의 영향에 휘둘리기보다 자신의 마음이 하고자 하는 것을 할 수 있다.

여섯 번째 자질은 지혜다. 지혜는 나머지 다섯 가지 바라밀과 합쳐질 때 더욱 상승한다. 지혜를 통해 우리는 인식을 방해하는 왜곡된 렌즈를 포함하여 말과 생각, 개념을 넘어서는 자각을 얻을 수 있다.

바라밀은 모두 매우 겸손한 마음으로 닦아야 한다. 자신의 덕을 자랑하는 것은 바라밀의 정신에 위배된다. 불교에서 승려들에게 자신의 이름을 밝히지 않고 남몰래 선행을 베풀도록 하는 것도 바라밀 정신 때문이다. 선禪의 격언에는 이런 게 있다.

"수행의 뒷면도 앞면만큼 중요하다."

다시 말해 수행의 방석에 어떤 모습으로 앉아 있는가가 아니라, 방석에서 일어난 뒤에 무엇을 하느냐가 더 중요하다는 뜻이다.

공감하는 마음의 상승

흔히 자아라고 여기는 것들은 결국 마음에서 만들어진 것들에 불과하다. 그러나 우리는 스스로가 자아를 지어냈다는 사실을 깨닫지 못할 뿐만 아니라, 자신이 구축한 개념이 더욱더 자신을 예정된 일련의 반응으로 끌어들인다는 사실 또한 깨닫지 못한다. 마음은 자신의 그러한 허상 같은 구축을 알아채지 못하고 마치 그것들이 자신을 규정하는 실체인양 반응한다.

마음은 이러한 정신이 만든 구조물의 맨 꼭대기에서 '나'라는 의식과 자아감을 구축한다. 이 구축의 과정에서 마음은 자신의 약점을 부인하고, 자기중심적인 기억을 되살려내며, 다른 사람들을 무시하고, 자신을 세상의 중심에 놓으며, 세상을 바라보는 자신의 가정假定을 견고히 함으로써 스스로를 안심시키는 생각의 그물을 짜는 등 여러 갈래에서 구조물을 떠받치며 엮어간다.

그 과정에서 마침내 착오가 일어난다. 마음이 어떻게 자아를 꾸미고 지어냈는지 살피지 않으면서 그렇게 구축된 자아를 굳건한 실체인 것처럼 받아들이는 것이다. 하지만 불교심리학자들이 말하듯이 이렇게 구축된 자아는 어떤 정체성도 지니지 않은 그저 마음의 습관과 경향들의 집합에 불과하다. 자아라고 생각했던 것이 실제로는 자아가 아닌 착각 현상인 것이다.

이렇듯 제멋대로 만들어진 자아, 환영의 마법에 사로잡힌 듯한 자아감에서 벗어나기 위해 필요한 것이 현명한 가슴이다. 현명한 가슴은 깨어 있는 마음으로 지속적으로 자신의 경험과 습관적인 태도를 관찰함으로써 얻어진다.

현명한 가슴이 될 때 우리는 잘못된 자아감에서 비롯된, 베풀지 않고, 부도덕하고, 참지 못하고, 쉽게 의기소침해지고, 산만하고, 지혜롭지 못한 태도들에서 빠져나올 수 있다.

달라이 라마는 "오직 자신의 이기적인 욕망을 충족시키는 데 급급한 부정적인 에고, 즉 자아감을 경계하라."고 말했다.

필요한 것은 강력한 자아가 아니라, 옳은 것에 대한 든든한 확신일 뿐이다. 좀더 깊이 있는 차원의 경험을 통해 무아無我를 이해한다면 자기중심적인 집착이나 모든 사태를 자신의 관점으로만 해석하려는 아집이 느슨해진다. 무엇보다도 자기 이익에 중점을 둔 사고에서 벗어나면 다른 사람들에게 더 많은 주의를 기울일 수 있는 현명한 가슴을 실천하기가 수월해진다. 자아에 대한 집착이 줄고 타인에 대한 공감의 마음이 상승하는 것이다.

멀어지는 집착

풀잎에 맺힌 이슬 한 방울도, 세상을 뒤덮어버릴 것 같았던 거대한 사막도, 태어나고 존재하는 모든 것들은 결국 변해서 사라진다. 어떤 것도 지속되는 것은 없다. 티베트의 영적 스승 초키 니마Choekyi Nyima는 '덧없음'을 뜻하는 티베트어에는 "수면 위의 거품처럼 없어질 것, 지나가고 사라지는 것"이라는 의미가 함축되어 있다고 말한다.

붓다는 "수면 위에 일어난 물거품은 거기 존재하는 것처럼 보이지만 그것은 이내 흔적도 없이 사라지는 것이며, 인간의 생도 그러한 것"이라고 설파했다.

초키 니마는 화병을 예로 들었다.

"언뜻 보기에 화병은 구워지는 순간부터 깨질 때까지 변하지 않는 것처럼 보인다. 그러나 그것을 유심히 관찰한 사람은 화병이 매 순간마다 변화되고 있음을 발견할 것이다. 화병은 어느 날 갑자기 변하는 것이 아니라, 우리가 그것을 바라보는 매 순간마다 퇴색되고 골동품이 되어간다."

티베트의 결혼식에 사용되는, 색깔 모래로 정교하고 섬세하게 만든 만다라는 생의 덧없음의 진리를 상징하고 있다. 며칠이나 몇 주에 걸친 결혼식에서 만다라를 사용한 후 신랑과 신부는 그 화려한 만다라를 흙더미에 던져 강물에 버리는 것으로 예식을 마감한다. 아름다웠던 것을 한순간에 버린다는 것은 모든 지나가는 것들에 집착하지 않는 순리와, 집착은 실망을 낳는다는 진리를 상기시키기 위해서다.

불교심리학은, 마음이 열리는 곳에서 자신의 현명한 가슴과 대면할 수 있다고 가르친다. 그곳은 혼란의 감정이 사그라지고 자기중심적인 자세에서 벗어나 다른 사람을 도우려는 태도가 만연한 자아의 세계다.

3

관계가 회복되다

잭슨 브라운Jackson Browne의 노래에 이런 가사가 있다.

"두 개의 내가 있고 두 개의 그대가 있네. 둘은 사랑을 배신했고 둘은 사랑에 진실했네."

사랑은 감정의 지뢰밭 같은 것이다. 긍정적인 감정에 있을 때 두 사람은 서로 사랑을 느끼며 연결되어 있다고 느낀다. 그러나 부정적인 감정으로 바뀌면 상대는 실망만 안겨주는 매력 없는 타인일 뿐이다.

파트너에 대한 사랑의 여부는 내 안에 주로 어떤 감정이 촉발되는지에 따라 달라진다.

부부관계 연구자 존 가트맨John Gottman은 행복한 결혼생활을 지속하는 부부는 한 번 화나는 일이 있을 때마다 다섯 번 긍정적인 경험을 한다는 사실을 발견했다. 이 비율보다 낮은 부부는 도움을 구하기도 전에 갈라서는 확률이 높았다고 말한다.

가트맨은 각자 긍정적인 감정의 토대를 잘 다진 부부일수록 결혼 생활도 오래 지속한다는 사실을 보여주고 있다.

감정이 습관이라는 사실을 알면 인간관계도 새로운 방향으로 이끌어갈 수 있다. 불안 모드에 대해 한 번도 들어본 적이 없던 어느 남성 내담자는 그것이 바로 자기 아내가 때때로 보이는 행동 패턴이라는 것을 알게 되었다. 두 사람은 서로 사랑했으며 대개는 애정이 두터웠지만 때로는 전혀 그렇지 않았다.

남편은 직장 일로 출장이 잦았다. 그런데 출장에서 집으로 돌아올 때마다 며칠씩 이어지는 아내의 냉담한 태도가 무척 당황스러웠다. 사랑스러운 평소의 모습으로 돌아오는 데 아내는 매번 꽤 시간이 걸렸다.

감정의 모드가 어떻게 작동하는지 알게 되자 그는 자신의 출장이 아내에게는 부정적인 감정을 촉발하는 방아쇠라는 사실을 깨달을 수 있었다. 남편이 자신을 아무렇게나 내팽개쳤다고 생각한 아내는 늘 불안이라는 방어 기제에 돌입했다. 불안 모드에 휩싸여 있던 아내는 남편이 집에 돌아오면 더없이 냉담한 태도를 보였던 것이다.

이 사실을 이해하게 된 내담자는 더 이상 자신이 집에 돌아왔을 때 아내가 보이는 차가운 태도를 그냥 내버려둘 수 없었다. 남편은 아내에게 '두 개의 자신'이 있다는 것을 보았다. 하나는 상처 입은 감정에 휩싸여 냉담하게 거리를 유지하려는 아내였고, 다른 하나는 안정 상태에서 따뜻한 마음으로 남편과 연결을 맺으려는 아내였다.

남편은 다음 번 긴 출장에서 집에 돌아왔을 때는 아내의 그런 태도에 인내하려 노력했다. 아내의 사랑스러운 태도가 돌아오기만을 묵묵히 기다렸다. 그의 따뜻한 태도가 마침내 아내의 얼어붙은 가슴을 녹인 것인지 아내는 마음이 풀어지면서 다시 남편에게 상냥해졌다. 남편이 단지 곁에 있는 것만으로 아내는 안정 상태로 돌아온 것이다.

깊은 감정의 차원에서, 사랑하는 파트너는 안정 토대를 다지는 데 중요한 역할을 한다. 이상적인 관계에서 두 사람은 서로 감정적 지지와 보호를 주고받는다. 이상적인 파트너 관계란 가깝게 교감을 나누고 친밀감을 유지하면서 각자는 독립적인 삶을 영위할 수 있는 관계를 말한다.

어떤 관계에서도 사람에 대한 평가는 그 사람의 일부일 수밖에 없으며, 평가를 내리는 사람의 감정이 크게 반영된다. 일부란 그의 항상적인 모습이 아니라 일시적인 모습이다. 누군가의 부정적인 측면이 그 사람 전체를 규정한다고 쉽게 믿어버려서는 곤란한 이유가 여기에 있다.

그리고 문제는 그 사람이 지닌 감정이지 그 사람 자체가 아니다.

다른 사람에게서 감정이 변화하는 것을 보기는 쉽지만 '자신'에게도 '두 개의 나'가 있음을 잊어서는 안 된다.

"내가 행복하면 그 사람도 멋져 보였고, 내가 불행하다고 느끼면 그 사람도 얼간이처럼 보였죠."

《먹고 마시고 사랑하라》의 저자 엘리자베스 길버트Elizabeth Gilbert의 말이다.

"저는 전 남편을 비롯해 모든 남자들에게 그렇게 대했어요. 특정 순간에 제 곁에 있는 남자가 누구든, 제 안에서 일어나는 감정에 따라 상대는 칭찬을 받기도 하고 비난을 받기도 했지요."

지금은 행복한 결혼생활을 하고 있다는 길버트는 덧붙여 말했다.

"이제 더 이상 누구에게도 제 감정대로 대하지 않을 거예요. 제가 사랑하고 돌봐주는 사람은 더 말할 것도 없지요."

100명의 답변

사랑의 화학식을 감정의 모드로 분석하면 흥미로운 결과가 나타난다.

예를 들어 불안 모드로 오랜 시간을 보내는 사람에게는 차갑고 침착한 회피 모드를 지닌 사람이 매력적이고 편안하게 느껴질 수 있다. 침착한 태도를 유지하고 덜 반응적이며 자신에게 더 만족하는 법을 배우기에는 회피 모드의 상대가 적절하다.

이와 반대로, 회피 모드를 가진 사람들은 다소 감정이 격렬한 사람들의 활달한 민감성에 끌릴 수 있다. 회피 모드는 감정이 격렬한 사람들로부터 감정에 익숙하게 대처하는 법을 배울 수 있다.

회피 모드를 지닌 사람과 불안 모드를 지닌 사람이 만들어내는 화학 작용의 장점은 그것이 서로에게 배우는 '회복 학습'이 된다는 점이다.

수십 년을 함께 지낸 부부들을 추적한 한 조사에 따르면, 결혼 생활을 오래 한 부부일수록 여러 가지 면에서 서로 닮는 확률이 더 높았다. 각자가 서로에게 보여주는 모드의 장점을 두 사람이 함께 습득하는 방식으로 서로 닮아간 것이다.

감정의 모드는 어릴 적 부모님과 맺었던 관계의 역동을 성인이 되어서도 그대로 반영해낸다. 예컨대 어릴 적 불안이나 회피 모드로 부모에 적응했었다면 성인이 된 후 부부나 연인 관계에서도 그럴 가능성이 높다. 특히 관계 자체가 어떤 식으로든 위협을 받는다고 느낄 때는 더욱 그렇다.

'두 개의 나' 효과로 생기는 관계의 파열은 특히 부부나 연인(혹은 친한 친구나 상사) 관계에서 상대가 변덕을 부리며 좋은 감정에서 유독한 감정으로 갑작스럽게 옮겨갈 때 더 쉽게 나타난다. 불규칙하고 예상치 못하게 감정이 바뀌는 사람은 상대에게 신뢰를 유지할 수 없게 만든다.

100명의 남녀로부터 가족이나 친구와 즐거운 시간을 갖는 동안 혈압을 측정하자 평상치보다 낮게 나왔다. 반면 다툼이나 갈등의 상황에서 혈압을 측정하자 평상시보다 높았다. 여기까지는 충분히 예상할 수 있다.

그런데 파트너가 예측 불가능한 경우(어떤 때는 유쾌한 사람이다가도 어떤 때는 성미를 건드리는 사람일 때)에 측정한 혈압은 셋 중에 가장 높았다. 파트너가 언제 해로운 감정에 빠져들지 몰라 두려움을 느낄 때 관계는 그만한 감정적 대가를 치르는 것이다.

직장 상사처럼 자신에게 힘을 행사할 수 있는 지위를 가진 사람이 예측 불가능한 경우의 경계심은 생물학적 수준의 스트레스를 넘어선다. 이때 뇌는 위협에 준비하는 호르몬을 끝없이 분비시키는데 이것이 오래 지속되면 당연히 건강에도 해로운 영향을 미친다.

엘리샤는 친한 여자 친구들에게 느끼는 만성적인 어려움에 대해 토로했다. 그녀는 오랜 기간 똑같은 패턴을 반복하는 오래된 여자 친구에 대한 걱정에 계속 사로잡히는 자신을 발견했다. 친구는 항상 엘리샤 곁에 있으면서 그녀에게 따뜻한 관심을 보이다가도 갑자기 전혀 다른 감정으로 돌변했다. 그럴 때 친구는 엘리샤에게 매우 무관심하고 냉담했는데, 이것이 엘리샤의 안정 기초를 불안하게 흔들고 있었다.

엘리샤는 이 때문에 자신의 역기능 모드가 수시로 작동하고 있음을 알게 되었다. 그녀는 친구의 감정이 바뀔 것이라는 예측과, 어떤 대가를 치르더라도 관계를 유지하려는 자신의 집착을 면밀히 살펴볼 필요가 있었다. 그녀는 자신에게 물었다.

'무엇에 대한 집착일까?'

그녀가 얻은 대답은 괴로운 상호작용 패턴에 대한 집착이었다. 이 집착은 상대가 '혹시라도' 긍정적 상태로 돌아올지 모른다는 희망으로 엘리샤를 계속 고리에 걸려들게 만들었다.

여기서 중요한 단어는 '혹시라도'다. 왜냐하면 어떻게 결말이 날지 모르는 관계에 희망과 두려움을 매단 채 있을 수밖에 없기 때문이다.

이런 시나리오에 사로잡히지 않기 위해 필요한 것이 통제력이다. 상대방의 불편한 성향에 영향을 받고 있어도 평소 상대방과 가까운 사이였다면 내 안에서는 그런 사실이 무시되고 의미가 축소되기 쉽다.

사랑하는 남녀관계에서 상대에 대해 느낀 최초의 매력 때문에 우리는 그 매력을 이상화시키고 그 밖의 다른 부정적인 성향은 대수롭지 않게 여기곤 한다. 그러나 파트너가 가진 성향에 관한 진실들을 충분히 알고 나면, 마법 같은 감정은 필연적으로 빛이 바랜다. 사랑이 아직 남아 있다 해도 말이다. 어느 재치 있는 사람이 이런 당혹스러운 상황을 이렇게 표현했다.

"결혼은 1장부터 주인공이 죽어버리는 소설과 같다."

이 지점이 습관 변화가 필요한 지점이다. 자신의 부정적 반응을 촉발하는 파트너의 모드를 알아차릴 수 있는가? 두 사람이 함께 종종 감정 체크를 통해 각자의 감정을 모니터링 할 수 있는가? 습관적 감정의 흐름을 변화시켜 좀 더 긍정적인 패턴으로 만들어갈 수 있는가?

이때 '두 개의 나'가 있다는 사실을 떠올리는 것은 상당한 도움이 된다.

보타니는 자신과 남편이 멀리 떨어져 지내면서 비로소 진정으로 가까워지기 시작했다고 말한다. 당시 두 사람은 열정적인 사랑의 편지를 서로 주고받았다.

"남편이 미워질 때면 저는 편지들을 꺼내 보면서 제가 남편을 사랑하는 이유를 떠올려보곤 해요."

그녀는 감정의 방아쇠에 대한 자신의 반응을 의도적으로 변화시키고 있었다.

서로 더 바람직한 모드로

이제 막 걸음마를 시작한 아기가 자신감을 얻으면 엄마를 떠나 모험을 감행하곤 한다. 엄마의 품을 벗어나 조금씩 더 멀리 걸어보려 시도하는 것이다. 그리고는 너무 멀어지기 전에 다시 엄마 품으로 돌아온다.

남녀 관계도 비슷해 보인다. 서로 눈을 맞춘 다음에는 한동안 딴 곳을 바라보다가 다시 눈을 맞추는 식이다.

"더 떨어져 지낼수록 더 함께할 수 있다."

심리학자 칼 휘태커Carl Whitaker의 말이다.

모든 남녀는 연결과 홀로 있기 사이에서 균형점을 탐색한다. 언제 다가가야 하고 언제 공간을 줘야 하는지 알기 위해서다.

상대와 연결을 유지하고 있는 한, 상대에게 다가가는 것은 지나친 간섭이 아니며 상대로부터 물러서는 것이 상대방을 버리는 일도 아니다. 오히려 이것은 상대방의 감정적 필요를 존중하는 것이다. 누구나 필요가 다르며, 필요는 수시로 바뀌고 유동적이다. 그래서 균형점을 찾기 위해서는 상대방에게 집중하는 마음과 공간을 주는 마음이 동시에 필요하다.

이사벨은 남편 줄리안이 컴퓨터 화면에 달라붙어 혼자 시간을 보내는 것을 혐오한다고 말했다. 그녀의 표현에 따르면 남편은 마치 '조개껍질 속에 들어가 있는' 것 같았다. 남편 줄리안은 제프리 영이 말한 이른바 극단적 회피 모드(거리를 두는 방어자)가 있었다. 남편과 단절감이 지속되자 이사벨은 외롭고 무시당한다는 생각이 들었다. 이것은 그녀의 고통을 가중시켰다. 어릴 적에 알코올 중독인 아버지와 자기 일에만 빠져 있는 어머니 사이에서 제대로 보살핌을 받지 못하며 자란 그녀였다. 지금 남편의 태도가 그런 어릴 적 경험을 떠올리게 만들었다.

이사벨은 남편과의 감정적 거리감을 참지 못해 늘 먼저 공격을 개시했다. 이때 이사벨은 습관적인 불안 모드에 주로 의지했다. 그녀는 남편의 관심을 자신에게로 돌리기 위해서는 이 방법밖에 없다고 생각하며 불만의 목소리를 한껏 높였다. 그런데 이것이 지나친 경우가 있었다. 너무 화가 나서 질러대는 고함은 남편의 행동에 대해 언급하는 것이 아니라 아예 남편 자체를 공격하는 것이었다. 이 때문에 남편은 어쩔 수 없이 말 없는 패닉 상태에 빠져들었다. 남편은 한마디도 하지 않으면서 아내에게서 당장 벗어날 수 있는 출구를 필사적으로 찾고 있었다.

나는 이사벨에게 남편을 개인적으로 공격하기보다 남편의 행동에만 초점을 맞추라고 일러주었다. 비이성적인 위협을 가하기보다 감정을 조리 있고 분명하게 표현해보라고 말이다.

이사벨은 남편에게 말했다.

"당신이 컴퓨터 앞에 앉아 있는 걸 보면 처음에는 '아, 나도 지금 컴퓨터를 하면 되겠네.'라는 생각이 들어요. 그런데 당신이 너무 오래 컴퓨터에 붙어 있으면 당신이 나보다 컴퓨터를 더 좋아한다는 느낌이 들어요. 우리 두 사람의 필요를 함께 충족할 수 있는 방법을 찾으면 어때요? 각자 컴퓨터를 하는 것 말고 함께 소중한 시간을 보내는 일 말이에요."

그때를 회상하며 그녀가 말을 이었다.

"그 당시 만약 저의 감정을 남편에게 그대로 폭발시켰다면 우리는 벌써 따로 살고 있을 거예요."

이사벨이 자신들의 오래된 대립-회피 패턴을 건설적이고 기지 있게 바꾸자 남편 줄리안은 처음으로 아내로부터 도망칠 필요를 느끼지 않았다. 줄리안은 아내가 자신들의 문제에 대해 조리 있게 말하는 것에 관심을 가졌다. 줄리안은 노트북을 접고 아내의 말에 온전히 관심을 기울이기 시작했다. 자신이 공격 받는 것이 아니라 아내에게 받아들여지고 있고, 아내와 함께하고 있다는 느낌이 들었기 때문이었다.

이사벨이 감정의 모드에 대해 이야기하자 줄리안은 자신이 회피 모드에 정확하게 들어맞는다는 사실을 깨달았다. 이사벨이 말했다.

"나도 당신이 회피 모드를 갖고 있다는 걸 알고 있어요. 그래서 당신이 나를 거부하는 것 같아도 그것을 개인적으로 받아들이지 않으려고 해요. 당신은 지금 숨 쉴 공간이 더 필요한 거고, 나도 당신에게 거리감이 느껴지지 않을 때는 혼자 있는 시간을 좋아하니까요."

그녀는 계속하서 자신의 불안한 생각이 어떤 것인지 남편에게 이야기했다.

"나는 심지어 우리 집 고양이가 나를 무시하는 것처럼 보여도 불안하고 화가 나는 사람이라고요!"

그때 줄리안이 웃음을 터뜨렸다. 아내의 유머러스한 표현에 웃을 이 난 것이다. 그렇게 웃고 나자 지금까지 자신의 회피 모드 아래에 깔려 있던 불안감이 사그라지는 것처럼 느껴졌다.

계속해서 함께 이야기를 나누면서 두 사람은 불안과 회피의 감정이 사라지면 서로 대화를 나누는 것이 무척 즐겁다는 사실을 깨달았다. 두 사람은 이 모드들이 서로 사랑하고 즐거움을 나누는 자신들의 교감에 어떻게 방해가 되는지 알 수 있었다.

줄리안과 이사벨은 감정의 변화 원리에 흥미를 느꼈다. 줄리안은 실험 삼아 자신의 컴퓨터에 타이머를 설치했다. 일정 시간이 되면 컴퓨터를 끄고 아내와 함께 시간을 보내기 위해서였다. 타이머는 감정 습관을 변화시키기 위한 자각의 도구인 셈이었다. 그러고 나니 아내가 자신의 노트북보다 더 껴안고 싶을 만큼 사랑스러운 존재라는 것도 새삼 알게 됐다.

불안과 집착의 한가운데 있지 않을 때 이사벨은 감정적으로 민활했고 줄리안이 어색해하는 부분을 분명하게 표현할 줄 알았다.

줄리안은 아내가 균형 잡힌 방식으로 감정에 대해 탐색하는 능력이 있다는 사실에 놀랐다. 자신 같았으면 강렬한 감정으로부터 도망가는 것이 상례였기 때문이다. 실제로 줄리안은 자신의 감정을 탐색해가는 법을 아내에게 배우는 것이 즐거웠다. 그리고 이런 편안한 방식으로 아내와 함께 있는 것에 마음이 놓였다.

이사벨도 의도적으로 감정 변화를 시도했다. 남편에게 상냥하게 대할 수 있는 방법을 찾기 시작한 것이다. 그녀는 줄리안이 약간의 정보광狂 기질이 있다는 것도 알았다. 그런 남편이 자신과 함께하는 시간을 마련하기 위해 컴퓨터에 타이머를 설치했다는 사실에 이사벨은 감동을 받았다.

두 사람은 상대가 가진 긍정적 장점을 찾아내는 법을 터득해가고 있었다. 그리고 각자 자신의 감정 습관도 바꾸고 있었다. 두 사람은 아내의 불안과 집착이 남편의 회피 성향을 부추기던 습관적 패턴에서 벗어나 이제 서로를 풍요롭게 만드는 새로운 습관을 만들어가는 중이다.

줄리안과 이사벨의 경우처럼 우리는 상대방의 부적절한 감정을 촉발하는 행동을 피할 수 있다. 더 나아가 상대방이 바람직한 모드를 준비하도록 행동할 수도 있다. 모든 관계에서 우리는 각자 서로 다른 방식으로 인식하고 해석한다는 사실을 기억할 필요가 있다. 이해가 깊어질수록 관계에서 갈등이 일어날 위험도 차츰 줄어든다.

긍정적인 전염

몽골을 배경으로 한 다큐멘터리 〈낙타의 눈물the Story of the Weeping Camel〉은 어미 낙타가 새끼를 난산한 후부터 어쩐 일인지 새끼를 자꾸 내치며 젖을 물리지 않는 이야기다. 낙타 무리를 이끌던 유목민은 병에 젖을 담아 새끼 낙타에게 먹였다. 어미와 안정적인 유대 관계를 갖지 못한 새끼 낙타는 어미 곁이 아니라 항상 멀찍이 떨어진 곳에서 혼자 풀을 뜯었다.

걱정이 된 유목민들은 일종의 치유사이기도 한 악사를 불러 도움을 청했다. 이 음악 샤먼은 어미 낙타의 울음소리에 맞추어 현악기를 켰다. 그리고 똑같은 진동수와 톤으로 그 음악을 다시 낙타에게 들려주었다. 그러자 신비하게도 어미 낙타의 눈에서 눈물이 흐르기 시작했다. 그 후부터 어미 낙타나는 새끼에게 젖을 물리기 시작했다.

하나의 대상이 다른 대상과 공명할 때면 상대방과 같은 진동수로 진동한다. 이것을 동조同調, entrainment라고 하는데, 하나의 리듬이 다른 리듬의 영향을 받아 그것과 같아지는 현상을 말한다. 이 동조 현상은 추가 달린 두 개의 시계를 같은 방에 놓아두었을 때 관찰되었다. 서로 다른 속도로 움직이던 시계추 두 개를 같은 방에 두자 더 빨리 움직이던 추가 더 큰 호를 그리며 느리게 움직이던 추에 동조하는 현상이 나타났다. 이내 두 추는 느린 추에 맞추어 똑같은 리듬으로 움직였다. 물리학자들은 이것을 모드 동기mode locking, 모드가 같아지는 현상라고 부른다.

두개천골 요법Craniosacral Therapy이라는 대체의학은 이 원리를 응용한 것이다. 의사의 마음이 열려 있고 느린 리듬을 유지할수록 환자도 거기에 동조해 마음이 느긋해지며 치유의 속도가 빨라지는 것이다. 이것은 인간관계에서도 마찬가지라고 심리학자들은 말한다. 한 사람이 지속적으로 열린 마음을 유지하면 그 안정 모드는 상대방에게도 반드시 전달된다는 것이다.

안정된 모드의 사람 곁에 있는 것만으로도 상대방은 편안한 느낌을 받는다. 부모의 부드러운 손길이 불안한 아이를 달래주고, 사랑하는 사람이 병상 곁에 있는 것만으로 환자가 편안해지는 것과 같다.

긍정 모드에 안정되게 머물 줄 안다면 우리는 상대방의 언짢은 기분을 그저 수동적으로 흡수하는 사람이 아니라 적극적으로 좋은 느낌을 퍼뜨리는 사람이 될 수 있다. 그럼으로써 상대의 감정을 어떻게 받아들여야 하는지, 자신 안에서는 어떤 느낌이 일어나는지, 그에 대해 어떻게 반응해야 하는지 더 넓은 선택이 가능해진다.

이것은 감정의 방아쇠와 맞닥뜨릴 때 일어나는 일시적인 흥분을 통제시킨다. 침착성을 유지하면서 상대방의 감정의 동기를 이해하고, 힘들어하는 상대가 거기에서 빠져나올 수 있도록 도움을 줄 수 있다. 의사나 심리상담가 등 다른 사람을 돕는 일을 하는 사람들에게 이런 내면의 능력은 내담자의 괴로움에 휘둘리지 않고 그들을 치료하는 데 필요한 능력이다. 치료사의 감정이 안정된 토대에 있을 때 환자는 자기 문제의 근원을 더 쉽게 들여다볼 수 있기 때문이다.

누구나 혼합적인 존재

모드를 바꾸는 것은 더 이상 발에 맞지 않는 신발을 버리는 것과 같다. 이것은 자신의 감정 습관이 더 이상 '나'라고 느껴지지 않는 삶의 시점에서 자연스럽게 일어나는 현상이다. 이럴 때 우리는 내면으로부터 변화가 일어나 모든 것을 과거와는 다른 방식으로 인식하게 된다.

인간은 누구나 혼합적인 존재다. 달라이 라마는 말한다.

"100퍼센트 안 좋은 점만 있을 것 같은 사람도 자세히 살펴보면 그렇지 않다는 걸 알게 됩니다. 마찬가지로 100퍼센트 매력적이거나 매력적이지 않은 사람, 또는 100퍼센트 유쾌하거나 불쾌한 사람이란 없습니다. 그것은 모두 우리의 마음으로 투영한 것들입니다. 찬찬히 살피는 것만으로도 우리는 그런 오해를 줄일 수 있습니다."

오래 사귀어온 두 친구가 서로 겨루고 있었다. 그때 한 친구가 말했다.

"이건 네 원래 모습이 아냐!"

다른 친구도 똑같이 응수했다.

"이것도 네 본래 모습은 아니라구!"

그리고 두 사람은 크게 웃음을 터뜨렸다.

핵심은, 내가 곧 모드는 아니라는 사실이다. 이러한 통찰은 특정인에 대해 우리가 품고 있는 정신적 모형과 실제 그 사람 사이의 차이를 깨닫게 한다. 상대방이 지닌 모드에 대한 나의 가정假定은 내가 그 사람에게 무엇을 기대하고 그를 어떻게 대할 것인지로 결정된다. 이것은 그 사람을 나의 바람직하지 못한 습관적 모드에 몰아넣는 결과를 낳는다. 그러면 그의 실재實在는 가려지고 나의 감정이 그를 디자인하기 시작한다.

하나의 부정적 모드가 만성적으로 다른 부정적 모드를 촉발하는 관계에서, 한쪽 상대가 보다 긍정적인 변화를 일으키면 이런 유해 패턴은 약화되기 시작한다.

부모와 자식 관계를 생각해보자. 내가 나에 관하여 믿고 있는 것들 중 상당 부분이 부모님이 나에 관하여 믿고 있던 것들로부터 온 것이다. 부모님의 그런 믿음은 또 다시 조부모에게서 온 것이다. 이런 관점에서 볼 때 각 세대는 의도하지 않게 다음 세대를 프로그래밍하고 있다고 말할 수 있다.

다른 사람들이 곧 그들이 가진 모드가 아니라는 사실을 보게 되면, 그들이 지금과 다른 더 바람직한 모드로 옮겨갈 수 있는 가능성을 깨달을 수 있다. 내가 타인에 대해 갖는 기대를 바꿈으로써 나는 그들과 새로운 방식으로 연결될 수 있으며, 이는 다시 지금까지와는 다른 새로운 관계로 확장된다.

유능한 심리상담가인 나의 친구 캐디는 어머니가 폐암으로 돌아가시기 직전 어머니를 보살펴 드리면서 분명한 통찰을 얻었다고 말한다. 자신의 어머니가 돌아가시기 몇 주 전부터 그녀는 어머니의 아파트에서 밤낮으로 간호했다.

"내가 어머니를 위해 뭔가를 할 수 있는 기회를 평생 동안 기다려 왔다는 걸 알게 됐어."

캐디가 말했다.

"어머니는 항상 나에게 거리를 유지하셨지. 그런데 편찮으시니 나를 밀쳐낼 힘이 없으셨어. 어머니는 아프시고 나는 어머니 곁에 있었어. 어머니는 그 순간 우리 두 사람이 함께 있는 것을 좋아하시는 것 같았어."

"어머니가 돌아가시기 직전에 우리 두 사람은 아주 가까워졌어. 어머니는 내가 당신이 경험했던 간호사들 중에 최고의 간호사라고 말씀해주셨지. 어머니가 병원에 입원하셨을 때도 나는 밤늦게까지 더

머니 곁에 있었어. 깊고 달콤한 사랑의 흐름 속에서 어머니와 함께하면서 말이야.

그런데 어머니는 여전히 나와 소원했던 옛날의 어머니였어! 한번은 물을 달라고 하시길래 내가 어머니에게로 몸을 기울이며 어머니 무릎 위의 쟁반을 두드렸어. 그러자 어머니는 흠칫 놀라면서 나의 배를 세게 때리셨어. 나는 놀라서 물러섰어. 그러자 문득 어떤 깨달음이 오더군. 그것은 내가 기억도 나지 않는 어린 시절부터 어머니가 나를 그렇게 대했다는 사실이었어.

내가 그것을 기억할 수 없다는 사실은 내게 충격이었어. 그러나 그건 어머니가 나를 대하던 방식에 맞추어 내가 자라왔기 때문이었던 거야. 내 감정의 모양은 나의 내면 아주 깊은 곳에 있었기 때문에 나 자신을 볼 수 없었던 거야! 그렇지만 의식의 표면 저 아래에서 계속해서 움직이고 있었던 거지. 나는 그것에 깜짝 놀랐어.

어머니가 돌아가시려던 마지막 며칠 동안 나는 우리 두 사람이 진실된 만남을 가졌으며 서로를 사랑하고 완전히 용서했다고 느꼈어. 마침내 어머니가 돌아가셨을 때 나는 또 하나의 놀라운 깨달음을 얻었어. 그것은 그동안 어머니가 거대한 전자석처럼 나를 끌어당기고 있었다는 거야. 나의 감정 모양은 어머니의 자기장 안에 뿌려진 쇳가루처럼 그것과 완전히 똑같은 모양을 하고 있었지.

어머니가 돌아가시자 그 자석이 당기던 힘도 사라졌어. 나의 쇳가루는 이제 자연스럽게 내 본연의 모양에 더 가까워졌어. 어릴 때부터 나를 끌어당기며 나의 모습을 형성했던 힘이 사라진 거지. 이제 더 내게 맞는 옷을 입은 것처럼 느껴졌어. 있는 그대로의 내 모습에 맞는 옷을. 나는 자유롭게 나 자신이 될 수 있었고 새롭고 다른 방식으로 숨을 쉬었어. 어머니와 나는 사랑으로 서로를 자유롭게 해주었어. 그리고 더 이상 우리는 감정적 프로그래밍으로 서로를 속박하지 않게 되었어."

4

화가 사그라지다

영적 스승 촉니 린포체는 "모든 감정에는 긍정적인 에너지도 포함되어 있다."고 말한다.

"만일 어떤 일에 관심도 없고 그 일을 원하지도 않는다면, 그에 대한 화도 일어나지 않는다. 화는 일에 대한 날카로운 의지와 더불어 일어난다. 화에도 순기능이 있는 것이다. 화의 역기능만 사용하기 때문에 문제가 된다."

화에서 자기중심적인 부분을 알아차리고 해로운 요소를 제거할 수 있다면, 화가 품고 있는 에너지를 활용할 수 있다는 말이다.

이처럼 화에는 두 가지 방향성이 있는데, 통상적인 '에고ego의 화'는 이기적이고 완고하며 무겁다. 반면 '지혜의 화'는 가볍고 반짝거리며 에너지를 갖고 있다.

린포체는 말한다.

"대개 화가 나면 분노와 자기중심적인 집착이 뒤엉킨다. 화가 나려 할 때 그 집착을 알아차려라."

화라는 느낌 자체는 문제가 되지 않는다. 그것을 알아차리고 계속 지켜보면 자연스럽게 사라질 수 있기 때문이다. 문제는 화 속에 들러붙어 있는 자기중심적인 집착이다. 완고하고 이기적인 모드를 지니고 있으면, 다른 사람에게 상처를 주는 말과 행동을 하게 된다. 그러므로 화가 날 때 바로 그 이기적인 성향, 에고에 대한 집착을 자신으로부터 떼어내는 것이 중요하다. 에고를 제거하는 것이다. 그럼으로써 화에는 긍정적인 에너지만 남고 집착의 에고는 사라지게 된다.

린포체는 "화라는 감정에 주인이나 감독관이 없다면 그 효능만 남게 된다."고 강조한다.

자책감의 원인

로잘리는 지나치게 자신을 비난하는 경향이 있었다. 매사에 완벽주의적인 그녀는 마음속으로 늘 자신에 대해 화를 냈다.

나는 그녀가 나열하는 장황한 자신의 결함 목록을 귀 기울여 듣고 있었다. 그녀는 자신의 결함들을 내가 그녀 안에서 직접 보고 그것을 사실로서 확인해주기를 바라고 있었다. 그녀가 말하는 동안 나는 복잡한 감정이 오갔다. 한동안 아무 말 없이 그녀의 이야기를 듣던 내가 말했다.

"나는 당신의 생각을 정말로 이해하고 함께 나누고 싶어요. 그렇지만 나는 당신이 생각하듯이 당신을 그렇게 부정적으로만 보고 싶지는 않아요."

내가 말을 이어가자 로잘리의 눈에서 눈물이 흘러내렸다.

"나는 오랫동안 당신을 알고 지냈어요. 그리고 당신이 가진 감정의 왜곡에 대해서도 잘 알지요. 거기에 비춰볼 때 당신의 말이 그다지 정확한 것은 아니라고 여겨져요. 누가 이토록 실현 불가능한 기준을 당신에게 세워놓았나요? 나는 당신만큼 자신의 결함을 지적하는 사람을 알지 못해요. 당신은 당신이 가진 훌륭한 자질들 가운데 긍정적인 것들은 하나도 언급하지 않잖아요. 당신의 관대함, 배려, 지능, 밝은 영혼 같은 것들 말이에요."

내가 그녀를 얼마나 신중하게 대하는지 알고 있고, 나와 진솔한 유대감을 갖고 있던 로잘리는 그 이후로 자신의 생각보다 내 말을 더 신뢰하기 시작했다. 그녀는 그것이 사실이라는 것을 알았고, 자신이 부정적인 자기 인식에 갇혀 있다는 점도 인정하기 시작했다. 나는 마치 무거운 장막이 걷히는 것처럼 로잘리의 기분이 변화하는 것을 볼 수 있었다.

나는 그녀에게 공감하며 귀를 기울였다. 그녀의 부정적인 감정의 장막을 들여다보며 그녀의 관점을 이해하려고 노력했다.

상대의 말이 아무리 비합리적이어도 반대 의견을 곧장 제시하기보다 상대방에 공감하고 이해하는 쪽이 교감을 더 빨리 이끌어내곤 한다. 그렇지 않으면 진실 여부와 상관없이 상대방은 자신이 존중받고 있지 못하다고 느낄 것이다. 특히 감정의 모드에 관한 문제라면 먼저 서로가 동의할 수 있는 안전한 교감의 공간을 다련하는 것이 중요하다. 이 안전지대에서 상대의 부정적 신념에 대해 진실하고 배려하는 마음으로 반대 의견을 제시할 수 있다. 안전한 교감의 공간은 서로의 내면과 외부의 장벽을 허물어 사태를 더 정확히 인식하게 하는 효과가 있다.

내가 처음부터 로잘리의 부당한 자기 인식을 꼬집었다면, 로잘리는 그 자리에서 마음의 문을 닫으며 분노에 휩싸였을지 모른다. 그녀에게는 자신에 대한 화를 풀어주기 전에 자신을 이해해줄 사람이 필요했던 것 같다.

화에서 문제가 되는 것은 자기중심성이라는 사실을 앞서 살펴보았듯이, 자책이라는 형태를 띤 그녀의 화에는 누군가로부터 무조건 이해받고 싶다는 자기중심성이 자리하고 있었다. 그것이 채워지자 그녀의 자책은 생각보다 쉽게 사라졌다.

자책의 감정은 특별한 주의가 필요한데, 그것이 극에 달하면 자살의 시도로까지 이어진다.

자책도 일련의 감정 모드로서 차분히 알아차리고 바라보면 자연스럽게 사라지는 경향이 있다. 그러나 그것이 지속적으로 곱씹어지고 거기에 우울감이 겹쳐지면 감정은 극으로 치닫게 된다. 자책은 화의 화살을 자기 쪽으로 돌릴 때 일어나는, 자기중심적 감정의 한 유형이다. 자책의 심연을 파고들면 그곳에는 상처받은 자아가 고개를 숙이고 흐느끼고 있음을 알 수 있다. 세상의 가장 무거운 짐을 자신만 짊

어지고 있다는 느낌, 어느 누구로부터도 구원받을 손길이 없다는 단절감, 삶에서 희망이 느껴지지 않는 절박감 등이 뒤섞인 자책의 중심에는 대안을 찾지 못하는 부정적 패턴에 집착하는 에고가 우두커니 서 있는 것이다.

붓다는 이런 자책의 감정을 다스리는 것 역시 하나의 수행으로 간주했다. 느닷없이 나타나는 내면의 적, 즉 자기중심을 맴도는 부정적인 마음의 상태를 알아보고 그것을 중단하는 '법'을 가르쳤다.

그 '법'이란 즉각적인(조건반사적인) 좋아함과 즉각적인 싫어함, 깨어 있지 않은 마음을 멈추는 일이다. 다시 말해 자기책망의 뿌리를, '일희일비一喜一悲'와 '깨어 있지 못하는 마음'에서 찾은 것이다.

붓다가 보기에 일희일비와 깨어 있지 못하는 마음은 모든 자책의 시원始原이었다. 붓다는 고통의 분명하고 거대한 차원보다, 중생 개개인의 미세한 정신적 차원을 더 중요하게 생각했다. 거대한 강의 발단이 계곡 속의 바위에서 떨어지는 작은 물방울인 것처럼, 고통의 강줄기를 거슬러 올라가보면 거기에는 물방울만한 원시적 감정이 존재하고 있다는 것이다. 그것이 바로 즉각적인 좋아함과 싫어함, 깨어 있지 못하는 마음이다.

부적절한 해석

대화에는 한 가지 원칙 같은 것이 있다. 상대방을 향해 '틀렸다'고 말하지 않는 것이다. 특정한 인물이나 집단을 '나쁘다'고 간주하면 그들과의 대화는 어김없이 단절된다.

상대에게 화가 나면 우리는 대부분 상대방을 '적'이나 '잘못된' 존재로 간주해버린다. 화난 마음은 폭력적인 말이나 행동으로 이어질 가능성도 높다. 그리고 지혜는 고사하고 감정의 균형도 함께 잃게 된다.

연민을 느끼는 사람이 연민의 최초의 수혜자이듯이, 화를 내는 사람은 화의 최초의 수혜자다. 작가 프랭크 맥코트Frank McCourt는 그것을 아주 적절히 표현했다.

"화는 자기가 독약을 먹고 상대방이 죽기를 바라는 것과 같다."

화를 분명하게 보려면 화를 일으킨 '행동'과 그것에 대한 '해석'을 서로 구분하는 것이 좋다.

예컨대 며칠 전 나의 요청에 상대가 응답하지 않는 상황을 가정해 보자. 상대가 응답하지 않은 것, 이것이 그 사람의 '행동'이다. 그러나 만약 내가 '그 사람은 배려심이 없어.'라고 생각한다면 이것은 그 사람의 행동에 대한 나의 '해석'이다. 나의 분노를 일으키는 방아쇠는 상대방의 행동 자체가 아니라, 그 행동에 대한 나의 해석이다. 해석을 멈추면 나는 나의 화를 좀 더 객관적으로 관찰할 수 있다.

어느 부부가 서로 끊임없이 싸우다가 갈라서기 직전에 이르렀다. 남편이 너무 바빠 연락도 못하고 조금 늦게 퇴근하는 것을 두고 아내는 의심에 의심의 꼬리를 이어갔다. 집에 돌아와 신경질적으로 반응하는 아내의 태도에 남편 역시 '도대체 어쩌라는 거냐?'며 울분을 터뜨렸다. 아내는 남편의 애정이 의심스러울 때면 사사건건 시비를 걸어왔고, 남편은 아내가 자신을 통제하기 위해 까다롭게 구는 거라고 느껴질 때면 화를 짓누르며 우울감에 휩싸였다.

두 사람 사이에는 싸움이 일어날 수밖에 없었다. 이대로 결혼생활을 지속한다는 것은 누가 보아도 무리였다. 두 사람은 마지막 수단으로 불교의 명상 센터를 찾아 화를 다스리는 법을 공부해보기로 했다. 거의 기대하지 않고 찾아간 명상 센터였지만, 의외로 많은 것을 깨닫게 해주는 곳이었다. 그리고는 몇 달 후, 두 사람은 마침내 서로의 화를 어떻게 다스릴 것인지 알아차리기 시작했다.

그들은 자신들의 싸움의 밑바탕에는 근본적으로 동일한 싸움을 반복하게 하는 하나의 감정 모드가 작용한다는 것을 볼 수 있었다. 알고 보면 아내가 불안으로 남편에 매달리는 것과, 남편이 화 때문에 위축되는 것 모두가 두 사람의 마음 깊은 곳에 있는 동일한 감정 반응이었다. 두 사람 사이의 화는 상대방의 행동에 대한 자기 방식의 해석에 있었던 것이다. 둘은 서로의 행동을 해석하지 말자고 약속했다. 현재의 모습과 상대방이 하는 말을 있는 그대로 받아들이기로 약속한 것이다. 그때부터 두 사람 사이의 관계는 몰라보게 달라지기 시작했다. 상대방에 대한 부정적인 해석을 멈추자, 각자의 말과 행동도 서로를 더 배려하는 쪽으로 변화되었다. 그제야 비소로 온전한 부부의 모습이 갖추어지고 있었다.

정직한 받아들임

인간의 시각에는 한계가 있어서 우리는 일정한 범위 내의 것만 눈으로 확인할 수 있다. 바다에 사는 생물에 대해 생각할 때, 제일 먼저 떠오르는 것은 무엇인가? 아마도 고래나 바다표범, 아니면 돌돔이나 바다거북 등 눈에 확실히 보이는 생명체들일 것이다. 하지만 바다에는 90퍼센트 이상이 인간의 눈으로는 식별할 수 없는 미생물들이 살고 있다. 우리가 무엇을 보는지는 그것을 어떤 방식으로 보는가에 따라 많은 차이가 있다.

물리학자 K. C. 콜K. C. Cole은 자신의 저서 《구름을 만들어 보세요, First you build a cloud》에서 이렇게 적고 있다.

"줌 렌즈로 사물을 보라. 그러면 당신이 앉은 탁자의 표면은 사막의 한 가운데처럼 드넓게 보일 것이다. 렌즈의 초점을 당기거나 밀어내면 세상은 끝도 없이 복잡한 모습을 드러내다가 다시 하나의 점처럼 단순해질 것이다. 아주 멀리 떨어져서 보면, 지구도 그저 작은 푸른 점에 불과하고, 좀 더 확대하면 육지와 바다가 보이기 시작한다. 렌즈를 당겨 더 가까이 확대시키면 육지에 사는 생물까지 식별할 수 있다. 계속해서 더 가까워지면 그 모든 것들은 사라지고, 대부분이 빈 공간인 물질의 내부 모습에 정착하게 된다."

저명한 불교심리학 저자인 잭 콘필드Jack Kornfield도 비슷한 통찰을 이야기한다.

"명상으로 마음을 집중시키면 세상은 소리와 그것에 대한 자각, 빛과 그것에 대한 자각, 생각과 그것에 대한 자각이라는 작은 단위들로 이루어져 있음을 알게 된다. 자동차나 집이나 심지어 우리 자신조차도 존재하지 않는다. 그것에 대한 경험이라는 정신의 미립자가 존재할 뿐이다."

여기에 단서가 있다. 인간의 지각 장치에 한계가 있다는 사실 말이다.

내가 아무리 나의 감정 상태를 살펴본들 거기에서 찾아낼 수 있는 요소들은 한계가 있다. 자신의 내면에서 화가 솟구치고 있다는 것을 알아차리더라도, 그 화의 원인을 알아내려면 상당한 추적의 절차가 필요하다. 그런데 그 원인을 채 인식하기도 전에 화가 분출되기 때문에 당혹스러운 것이다. 이것은 아무것도 모르면서 화만 내는 초라한 모습일 뿐이다.

이 때 필요한 것이 자신의 한계를 정직하게 인정하는 마음이다. 아무리 보아도 보이지 않는 것이 있다고 정직하게 인정하는 태도는, 깨어 있으면서 화를 지속적으로 지켜보는 불교심리학의 위빠나사와도 닮았다. 답이 나오지 않아도 지속적으로 자신의 감정을 들여다보는 관법觀法, 위빠사나 말이다.

자신의 인식의 한계, 이해의 한계, 분별력의 한계를 인정하면, 마치 오래된 다락방을 말끔히 정리하는 것처럼 맑고 투명한 의식의 방이 새로 만들어진다. 이제껏 왜 그토록 흥분 상태에 있었는지 스스로 의아해할지도 모른다. 자신의 한계를 인정하면 남의 한계도 자연스럽게 받아들일 수 있다. 새로운 세계는 거기에서 시작된다.

5

행복의 감정이 확산되다

감정을 다스릴 때 얻어지는 가장 큰 이점의 하나는 바로 인간관계의 개선이다. 모든 인간관계에는 인과因果적인 상호작용의 연결망이 있어서, 한 사람이 어떻게 행동하느냐에 따라 상대방의 반응도 완전히 달라지게 된다. 그것은 자신이 변화하면 상대도 변하여 관계의 파괴적인 질곡에 빠지지 않을 수 있다는 말이기도 하다.

모든 인간관계에서 모드는 모드를 부추긴다. 불안 모드에서 상대를 대하면 상대방 역시 차차 불안 모드에 휩싸일 가능성이 높아진다.

아울러 감정의 모드는 역설적이게도 동일한 모드를 작동시키는 상대에게 이끌리는 경향이 있다. 가령 자기중심적인 모드가 강한 사람은 역시 정을 잘 주지 않고 쌀쌀맞으며 자기중심적인 사람에게 끌리기 쉽다. 불안 모드에 있는 사람은 멀리 떨어져 있거나 의지할 수 없는 상대에게 공감을 느끼는 경향이 있다. 회피 모드에 있는 사람이 연애를 한다면 어떨까? 역시 회피 성향이 강한 상대에게 더 애정을 느낄 가능성이 크다고 심리학자들은 지적한다.

왜 이런 기이한 감정 반응이 일어나는 것일까?

일찍이 프로이트는 인간의 그러한 심리적 경향을 '반복 충동'이라고 불렀다. 어른이 되어서도 어린 시절의 감정 패턴을 되풀이하게 만드는 인간관계에 끌리게 된다는 것이다. 이런 터무니없는 상황이 벌어지는 데는 몇 가지 이유가 있다.

하나는 바로 이러한 인간관계가 어린 시절 가까운 사람들과의 관계에서 배운 방식을 반복하게 만들고 그럼으로써 편안한 기분을 느끼게 해주기 때문이다. 그리고 또 하나는 이번에는 뭔가 달라져서 과거의 상처를 치유받을 수 있을 거라는 소망 때문이다.

어릴 적 소외당하며 자란 사람들은 이번에 만나는 사람에게 만큼은 자신이 바라는 대우와 보살핌을 받을 거라고 여기고, 학대를 당하며 자란 여성들은 이번만은 안전하고 믿을 만한 남자를 만날 거라는 희망을 품는다.

건강한 부부관계에서도 이런 양상이 나타난다고 부부관계 전문가들은 말한다. 감정이 건강한 배우자들은 결혼생활에서 상대의 모드를 치유하는 방식으로 행동한다. 상대의 과거의 감정적 상처를 아물게 하는 데 서로 도움이 되어주는 것이다. 그럼으로써 두 사람은 자신의 부정적 모드로부터 빠져나와 더 나은 부부관계로 나아가는 것이다.

모드가 활성화되는 것은 숨어 있던 존재가 생생하게 모습을 드러내는 일이다. 인간관계를 맺고 있는 두 당사자가 서로에게 부정적 모드로부터 빠져나올 수 있도록 도울 의향이 있다면, 두 사람은 그렇지 않을 때보다 더 쉽게 안정적 모드로 옮겨갈 수 있으며 이때 두 사람의 관계도 더 돈독한 방향으로 진전된다.

이러한 관점에서 보면 모드가 오히려 관계에 순기능적인 역할을 하는 셈이 된다. 중요한 것은 각자가 모드의 작동인자를 어떻게 사용하느냐에 달려 있다. 자신의 모드를 알아차려 그것을 멈춰 세울 수도 있고, 자신의 모드를 외면하며 습관적인 반응이 되풀이되도록 방치할 수도 있다. 물론 멈춰 세우는 쪽이 관계를 개선시킨다는 데는 의문의 여지가 없다.

두 사람이 동일하게 부정적인 모드를 갖고 있고, 두 사람 다 그 패턴을 알아차리지 못할 경우에는 모드가 자신들을 사르잡고 있다는 사실을 깨닫기가 힘들다. 그때 관계는 위험에 빠지기 쉬우며 둘은 독성 모드의 희생자가 될 수 있다.

일터의 신뢰관계

서로 피해의식을 갖고 있는 상사와 부하의 관계를 가정해보자. 둘 사이에는 대화가 오갈 대마다 심상찮은 감정의 동요가 일어난다. 상사는 부하의 행동이 자신의 지시를 철저히 무시한 거라고 생각하며 분노에 사로잡히고, 부하는 부하대로 그 상사를 대할 때마다 상처를 받았다고 느낄 것이다. 그러면 상사는 더욱 집요하게 일처리를 요구할 것이고, 부하는 무뚝뚝해지면서 매번 우울감에 휩싸일지도 모른다.

인간관계가 모드의 전쟁터에서 벗어나기 어려운 가장 일반적인 원인은 당사자가 자신의 모드를 깨닫거나 바꾸길 원치 않기 때문이다. 당사자가 자발적으로 자신과 상대의 부정적인 모드를 제거하려 애쓰면 두 사람 사이에 드리우던 먹구름도 순식간에 걷히는 것이 모드의 특성이다. 그것을 외면하기 때문에 충돌이 벌어진다.

일터에서 감정의 충돌을 줄여나가는 유용한 방법은 먼저 자신의 마음을 가라앉히고 상대의 마음에 공감하는 일이다. 관계가 하루 이틀 이어지다가 끝나는 사이도 아니라면, 어쨌거나 둘 사이에는 감정적인 양보가 반드시 이루어져야 한다. 그렇게 서로의 마음이 가라앉으면 충돌을 일으킨 서로의 부정적인 모드가 왜 작동했는지도 알아볼 수가 있다.

한창 모드에 휩싸인 상대를 다뤄야 할 때 공감은 관계 개선을 위한 매우 유용한 수단이다. 공감은 모드의 영향력을 약화시킨다. 세상을 바라보는 모드의 렌즈와 모드에 휩싸인 현실에서 생겨나는 상대의 감정을 인정하는 것이 공감이다. 공감은 상대를 모드에서 벗어나 좀 더 객관적으로 생각하도록 이끈다.

공감은 치유 효과를 낳기도 한다. 부정적 모드에 휩싸인 사람은 마음속에서 어린아이가 되어 고통에 빠져 있다. 그러나 보살핌을 받고 받아들여지고 있다고 느끼면 그의 모드는 새로운 양상으로 전개

될 수 있다. 두 사람이 서로에 대해 그러한 이해와 보살핌, 받아들임을 실천할 수 있다면 두 사람 사이에는 강한 유대감이 생길 것이고, 서로에게 큰 치유 효과를 발휘할 수 있다.

부부 사이의 회복

자신의 모드를 알아차리고 익숙해질 때 여러 가지 이점이 생겨나듯이, 배우자의 모드를 알아차리고 거기에 익숙해질 때도 많은 이점이 생긴다. 배우자가 갑작스럽게 화를 내면서 공격하는 까닭이 특정한 모드가 촉발되었기 때문임을 이해한다면 배우자의 반응을 자신에 대한 공격으로 받아들이지 않을 수 있다. 배우자를 화나게 만든 잘못은 나에게 있는 것이 아니라 배우자를 사로잡고 있는 모드에 있기 때문이다. 이런 사실을 깨달으면 배우자가 돌발적으로 화를 내거나 거칠게 반응하더라도 나의 부정적인 모드가 작동하는 일은 훨씬 줄어든다.

불교심리학은 깨달음이 곧 공감으로 이어진다고 가르친다. 부부 사이에서 이 말은 배우자의 부적응 모드를 '깨어 있는' 마음으로 알아차리면 거기에 긍정적인 방식으로 공감하게 된다는 의미다.

가령 현재 벌어지고 있는 사태가 배우자를 사로잡고 있는 모드에서 비롯되었다는 것을 이해한다면, 그것은 배우자가 성격에 문제가 있는 것이 아니라 어린아이처럼 상처를 받았기 때문이라는 것을 알 수 있다는 것이다. 그럴 때 우리는 배우자의 반응을 자신에 대한 공격으로 여기는 대신, 배우자에게 공감하고 동정심을 가질 수 있다는 것이다.

앞서 우리가 자신이 지닌 모드의 대략적인 모습을 밝혀낸 것처럼, 우리는 배우자들이 지닌 모드의 대략적인 모습도 밝혀낼 수 있다. 배우자가 언제 주로 화를 내고 파괴적인 감정에 휩싸이는지 유심히 관찰해보면, 당신은 그 원인을 추적해낼 수 있을 것이다. 그럼으로써 배우자의 취약한 모드에 좀더 민감하게 대처할 수 있고, 배우자의 감정 폭발도 사전에 완화시킬 수가 있다.

배우자가 항상 자신을 가혹한 기준으로 평가한다면 당신은 기회가 있을 때마다 배우자가 성취한 것들을 칭찬함으로써 그(그녀)가 자신에게 주지 못하는 것을 줄 수도 있다. 그것은 당신의 배우자가 성취하려는 것과 상관없이 당신이 배우자의 존재방식을 인정하고 아끼고 있다는 것을 알려주는 좋은 방법이기도 하다.

서로 베푸는 사회

붓다의 깨달음의 끝은 자비의 실천이라 해도 과언이 아닐 정도로, 붓다가 도달한 궁극의 정신세계는 자비를 실천하는 중생의 모습이었다. 사성제(인간의 고통의 원인과 그 고통에서 자유로워지는 길을 밝힌 불교의 이론), 즉 고집멸도苦集滅道의 마지막 단계도 도道라는 깨달음을 통한 자비의 실천으로 귀결된다.

고제苦諦와 집제集諦는 마음 속 조건반사, 즉 모든 정신적이거나 감정적인 습관이 본인의 자유를 억압하는 이치를 다룬다. 그것은 생각과 말과 행동이 자신의 경험이라는 투사막을 거쳐 나옴으로써 순수한 모습은 사라지고 고통과 집착만이 남는 것을 의미한다.

멸제滅諦와 도제道諦는 궁극적인 차원의 인과관계를 의미한다. 이는 고통의 원인이 되는 집착을 끊어낸 자유로운 정신상태를 의미한다. 그곳은 무의미하고 소모적인 자기중심에서 벗어나 타인에 대한 연민과 사랑, 즉 자비를 실천할 수 있는 마음상태가 되는 곳이다.

그렇다면 인간관계에서도 자비를 실천해야 하는가?

붓다는 우리가 고통을 줄이려고 노력할 때 그것을 방해하는 가장 교활한 적은 우리의 내부, 즉 마음상태에 있다고 보았다. 이 내면의 훼방꾼을 산스크리트어는 '안에서 나를 괴롭히는 것'으로 표현하고 있다. 훼방꾼은 다름 아닌 부정적인 감정의 모드, 그리고 거기에서 유래하는 부정적인 행동들이다. 고통에서 벗어나려면 이러한 고통의 원인을 제거해야 한다. 그런데 앞서 살펴보았듯이 부정적인 감정의 근원에는 집착이 깔려 있으므로 먼저 집착을 끊어내야 하는데, 집착은 생각만으로는 끊어지지 않는다는 것이다.

이에 대해 촉니 린포체는 자비를 실천하는 이유를 이렇게 강조했다.

"헌신보다 중요한 것은, 붓다가 도달한 개념 하나하나를 자신의 삶에서 구현하는 일입니다. 개인의 집착을 끊고 타인과의 관계를 개선하는 현실적 도구로서 자비를 실천하십시오."

자비는 관심의 초점을 자신의 내부에서 바깥으로 향하는 일이다. 그것은 자기중심에서 빠져나와 상대를 있는 그대로 받아들이는 마음 상태를 일컫는다.

자비는 이제 득도得道한 사람이 행하는 궁극의 베풂이 아니다. 내것을 덜어내어 다른 사람을 결정적으로 돕는 일이 자비라고 여기던 시대는 지나고 있다. 오늘날처럼 복잡한 관계사회Relationship Society에서 상처받은 개인들에게 물질적인 베풂보다 더 필요한 것은 정신적인 위안인지도 모른다.

자비는 퍼져나가는 속성이 있다. 한 사람이 실천한 자비는 그것을 받은 사람은 물론, 옆에서 지켜보던 사람까지 행동하도록 만든다. 그러한 관점으로 볼 때 오늘날 자비는 사회적 관계를 개선해 행복의 감정을 확산시키는 마음으로 해석할 수 있다.

감사의 말

이 책을 만드는 데 도움을 주셨던 많은 분들에게 감사드린다. 우선 지혜의 보물을 내게 나눠주시고 현명한 지도로 - 이 책에 대해 그리고 그것을 넘어 - 그 의미들을 명료하게 일깨워 주셨던 나의 스승들에게 감사를 드린다. 그리고 세계의 모든 존재들에게 이로움을 주고자 하는 분들의 사명감에 대해서도 감사드린다. 달라이라마 성하, 나의 위빠사나 스승인 우 빤디따 사아도, 나의 티베트 스승인 아듀 린포체, 뇨슐 켄, 툴쿠 위르겐, 그리고 그의 현명한 가족들인 초키 니마, 촉니, 밍규르 린포체에게 감사드린다. 그리고 치키 초클링 린포체, 팍촉 린포체, 네텐 초클링 린포체의 현명한 지도에도 감사드립니다. 또한 17대 카르마파와 칸드로 체링마도 빼놓을 수 없다.

밥 사도스키와 나의 말 산디(그리고 산디의 친구인 룽타 벨라, 예세, 보디)는 인간이 오래된 전통으로부터 얼마나 많은 것을 배울 수 있는지 보여주었다.

나를 스키마 치료라는 통찰력 있는 세계로 안내해준 제프리 영 박사는 지금도 나의 진정한 친구다.

아론 벡 박사는 인지치료에서 뛰어난 비전과 현명한 리더십을 발휘한 분으로 동양의 심리학과 서양 심리학을 통합하는 데 뜨거운 열정을 가진 분이다.

과학 분야에서 너그러운 조언을 아끼지 않은 분들도 있다. 앨 새피어, 리치 데이빗슨, 진력 카스태그너, 라라 코스타가 그들이다.

의학박사 마크 하이먼과 존 카밧진, 밀라 카밧진도 많은 도움을 주었다. 그밖에 마음과 생명 커뮤니티를 조직했던 많은 학자, 과학자, 친구들도 있었다. 그들은 이 책의 탄생에 도움을 준 많은 유용한 회의를 열어 주고 연구 보고서도 만들어주었다.

또 이 책에서 소개한 이야기와 아이디어, 기사를 제공해준 분들도 있다. 토드 레핀, 다이애나 브로더릭, 하누만 골먼, 스티븐 슈워츠, 로빈 베리트, 케이시 로소, 조디 니시먼, 데브 브라우너, 매기 슈피겔, 미라 웨일, 베스 엘런 로젠바움, 소피 랭그리, 크리슈나 다스, 크리스텐 닥터, 아론 울프, 어비 스타우브, 폴라 그린, 매그너스 타이거스키올드, 카산드라 홀덴, 데이비드 스트리트가 그들이다.

나의 첫 카타크 인도 춤 스승인 현자 치트레시 다스는 예술의 마법을 몸으로 직접 보여준 분이다. 또 나의 카타크 교사 그레첸 헤이든은 그녀의 몸동작으로 나의 영감을 깨우는 순수한 가슴의 우아함을 지닌 분이다.

에릭 페마 쿤상은 흥미로운 다르마 대화로 이 책의 요지를 분명히

하는 데 도움을 주었다.

자신의 평생의 사명으로 우리에게 지속적인 영감을 주는 분들도 있다. 그들의 연민에 찬 작업은 이 세상을 조금 더 살기 좋은 곳을 만들고 있다. 환경운동가, 사회운동가, 음악 활동가들이 그들이다. 사르보다야의 아리야라트네 박사는 이 책을 위해 영감이 넘치는 생각을 나눠주셨다. 그리고 나의 음악 보살 형제인 빌 베네트, 그밖에 여기서 다 언급하기에 너무 많은 친절한 분들이 있었다.

하퍼원 출판사의 멋진 팀에게도 고맙다는 말을 전한다.

남편 대니얼 골먼은 나와 함께 이 내면의 작업을 함께 했다. 사랑뿐 아니라 여행, 학습, 봉사 등 모든 것이 우리 가족의 삶을 더 의미있게 만들어놓았다.

멀거나 가까운 곳에 있는 나의 사랑스러운 가족들과 친구들은 나를 지탱해주는 탄탄한 감정의 토대이자 사랑과 아이디어의 원천이다. 제시카 브랙만, 엘리자베스 커스렐, 다이애나 로저스, 조세프 골드스테인, 조너선 코트, 리처드 기어(그는 티베트 사람들을 돕고 불교의 가르침이 널리 퍼지도록 매우 헌신적으로 노력한다)가 그들이다.

자칼린 베네트는 프랑스령 서인도제도에 있는 자신의 집 윗층에 완벽한 나의 작업실을 마련해주면서 관대한 우정을 베풀었다. 그곳에서 나는 너무나 많은 이야기와 창의적인 생각들을 떠올릴 수 있었다.

그밖에 이 작업을 통해 내가 영광스럽게도 관계를 가질 수 있었던 모든 현명한 가슴을 지닌 분들에게 감사드린다. 그들은 이 책이 결실을 맺을 수 있도록 진정으로 도와주었다.

1부 왜 항상 감정이 앞서는가

1. 감정의 두 모습

- 〈뉴욕타임스 매거진〉(2010년 2월 14일자): 29장. 열차의 비유: 다음 제목의 기사에서 알렉스 위첼이 데이비드 크로머의 말을 인용: "데이비드 크로머는 포기하지 않는다"
- Aaron Beck, 논문 〈인지치료의 최전선〉, (New York, Guilford Press; Paul M. Salkovskis 편집, 1996): 1–25.

2. 감정의 모드

- Charles Duhigg,《The Power of Habit》(New York: Random House, 2012).
- Aaron Beck, 논문 〈Buddhism anf Cognitive Therapy〉, 10호, no.1(2005년 봄): 1–4.

3. 감정의 근본 원인

- 《Bhadantacariya Bugghabhosa》5세기 텍스트, 한국어판 《청정도론: 청정의 길》 비쿠 냐나몰리 번역(버클리, 샴발라 출판, 1976년).

- Jack Kornfield, 《The Wise Heart》(New York: Bantam Books, 2008).
- Nathan A. Fox and Bethany C. Reeb, 《Handbook of Approach and Avoidance Motivation》 ed. Andrew J. Elliott (New York: Psychology Press, 2008), 35–49.
- Andrew J. Elliott, 논문 〈Approach and Avoidance Motivation〉 (New York: Psychology Press, 2008), 3–14.

4. 회피와 불안

- John Bowlby, 《The making and Breaking of Affectional Bonds》 (London: Tavistock, 1979): 129.
- Mario Mikulincer and Philip R. Shaver, 논문 〈Attachment in Adulthood〉 (New York: Guilford Press, 2008): 503–31.
- John Bowlby, 《A Secure Base》(New York: Basic Books, 1988).
- Mikulincer와 Shaver, 《Attachment in Adulthood》(2007).
- Matthew M. Botvinick, Jonathan D. Cohen, Cameron S. Carter, 논문 〈Trends in Cognitive Scirnces 8, 12호〉 (2004년): 539–46.

5. 포식자와 희생자

- Andrew J. Elliott, 《Handbook of Approach and Avoidance Motivation》(New York: Psychology Press, 2008).
- Ian McCollum, 《Ecological Intelligence》(Capetown, South Africa: Africa Geographic, 2005).
- Martin Buber, 《I and Thou》(New York: Simon and Schuster, 1990).

6. 핵심 신념과 감정의 방아쇠

- Jeffrey Young, Janet Klosko, Marjorie Weishaar, 《Schema Therapy: A Practitioner's Guide》(New York: Guilford Press, 2003).
- Jeffrey Young and Michael First, 논문 〈Schema Mode Listing〉 (2003).
- Aaron Beck and Paul Salkovskies (eds.) 《Frontiers of Cognitive Therapy》(New York: Guilford Press, 1996): 1–25
- David Whyte, 《Everything Is Waiting for You》(Langley, Washington: Many Rivers Press, 2003): 9–10.
- Jeffrey Young and Janet Klosko, 《Reinventing Your Life》(New York: Penguin, 1994).
- Young, Klosko, and Weishaar, 논문 〈Schema Therapy〉 (2003).
- Aaron Beck, 《Frontiers of Cognitive Therapy》(New York: Guilford Press, 1996): 1–25.

7. 감정의 모드가 암시하는 것들

- F. G. Lopez,《 Oxford Handbook of Positive Psychology》(New York: Oxford University Press, 2009).
- Young and First, 논문 〈Schema Mode Listing〉 (2003)

2부 어떻게 감정을 다스릴 것인가

1. 알아차림

- Elkhonon Goldberg, 《The Executive Brain》 (New York: Oxford University Press, 2001).
- Joseph LeDoux, 《The Emotional Brain》(New York: Simon and Schuster, 1996).
- Carol Ryff, Burton Singer 《Emotion, Social Relationships, and Health》 (New York: Oxford University Press, 2001).

2. 깨어 있음

- William Faw, 논문 〈Consciousness and Cognition 12, no. 1〉 (March 2003): 83-139.
- Elkhonon Goldberg, 《The Executive Brain》 (New York: Oxford University Press, 2001).
- S. M. McClure, 논문 〈Separate Neural Systems Value Immediate and Delayed Monetary Rewards〉, Science 306 (2004): 5796-804.
- Wendy Treynor, Richard Gonzalez, Susan Nolen-Hoeksema, 논문 〈Cognitive Therapy and Research 27, no. 3〉 (2003년 6월): 247-59.
- Monika Ardelt, 논문 〈ReVision 28, no. 1〉 (2005): 7-19.
- Kevin Ochsner, Silvia Bunge, James Gross, John Gabrieli, 논문 〈Journal of Cognitive Neuroscience 14, no. 8〉 (November 2002): 1215-29.

3. 받아들임

- Dzigar Kongtrul Rinpoche, Pema Chödrön 《Practicing Peace in Times of War》 (Boston: Shambhala, 2006).
- Thich Nhat Hanh, 칼럼 〈Fragrant Palm Leaves: Journals 1962-1966〉 (New York: Riverhead Books, 1966).

4. 벗어나기

- Yongey Mingyur Rinpoche, 《The Joy of Living》 (New York: Harmony Books, 2007), 한국어판 《티베트 린포체의 세상을 보는 지혜》 (문학의숲, 2012).
- Dzigar Kongtrul Rinpoche, Pema Chödrön 《Practicing Peace in Times of War》 (Boston: Shambhala, 2006).

5. 토대 쌓기

- Hermann Hesse, 《Siddhartha》(New York: New Directions, 1951).
- J. A. Coan, H. S. Schaefer, and R. J. Davidson, 논문 〈Lending a Hand: Social Regulation of the Neural Response to Threat〉, Psychological Science 17, no. 12 (2006): 1032-9.
- C. Hazan and D. Zeifman, 논문 〈Sex and the Psychological Tether, in Advances in Personal Relationships: Attachment Processes in Adulthood, eds. K. Bartholomew and D. Perlman〉 (London: Jessica Kingsley,1994): 5:151-77
- Mario Mikulincer and Phillip R. Shaver, 논문 〈Journal of

Personality and Social Psychology 81, no. 1〉 (July 2001): 97-15.

- Marc Berman, Jon Jonides, and Stephen Kaplan, 논문 〈Psychological Science 19, no. 12〉 (2008): 1207-2.
- Aaron Beck, 논문 〈Cognitive Therapy Today 10, no. 1〉 (Spring 2005): 1-4.
- James J. Gross, 《Handbook of Emotions, 3판》, 편집 Michael Lewis, Jeannette Haviland-Jones, Lisa Feldman Barrett (New York: Guilford Press, 2008): 497-12.
- S. McGowan, 논문 〈Mental Representations in Stressful Situations: The Calming and Distressing Effects of Significant Others, Journal of Experimental Social Psychology 38, no. 2〉 (2002년 3월): 152-1.

3부 감정을 다스리면 얻어지는 것들

1. 마음의 소리가 들리다

- Dzigar Kongtrul Rinpoche, Pema Chödrön 《Practicing Peace in Times of War》 (Boston: Shambhala, 2006).
- Thich Nhat Hanh, 칼럼 〈Fragrant Palm Leaves: Journals 1962-1966〉 (New York: Riverhead Books, 1966).

2. 더 현명해지다

- Chogyam Trungpa, 《Smile at Fear》 (Boston: Shambhala, 2009).

- Adeu Rinpoche, 《Freedom in Bondage: The Life and Teachings of Adeu Rinpoche》 편집 Marcia Binder Schmidt, 번역 Erik Pema Kunsang (Kathmandu, Nepal: Rangjung Yeshe Publications, 2011).
- Dalai Lama, 《Beyond Religion: Ethics for the Whole World》(New York: Houghton Mifflin, 2011).

3. 관계가 회복되다

- John Gottman, 《Why Marriages Succeed or Fail》 (New York: Simon and Schuster, 1995).
- Ann Gruber-Baldini, 논문 〈Similarity in Married Couples: A Longitudinal Study of Mental Abilities and Rigidity-Flexibility, Journal of Personality and Social Psychology 69, no. 1〉, (1995): 191-203.
- Julianne Holt-Lunstad, 논문 〈Social Relationships and Ambulatory Blood Pressure: Structural and Qualitative Predictors of Cardiovascular Function During Everyday Social Interactions, Health Psychology, 22, no. 4〉 (2003): 251-59.
- Carol Ryff, Burton Singer 《Emotion, Social Relationships, and Health》 (New York: Oxford University Press, 2001).

4. 화가 사그라지다

- Daniel Siegel, 《The Mindful Brain》 (New York: W.W. Norton, 2007).
- Perry Wood, 《Secrets of a People Whisperer》(Berkeley, CA: Ulysses

Press, 2005).

- Marshall Rosenberg, 《The Surprising Purpose of Anger》(Encinitas, CA: PuddleDancer Press, 2005).

5. 행복의 감정이 확산되다

- William Miller, 《Motivational Interviewing》(New York: Guilford Press).
- Robin Dunbar, 논문 〈Social Networks, New Scientist 2859〉 (2012년 4월 3일): 28-29쪽.
- Dalai Lama, 《The Art of Happiness》(New York: Riverhead Books, 1998).
- Victor Frankl, 《Man's Search for Meaning》(Boston: Beacon Press, 1992).
- Ken Jones and Kenneth Kraft, 칼럼 〈The New Social Face of Buddhism: A Call to Action〉 (Boston: Wisdom Publications, 2003) 146쪽.
- Paul Hawken, 《Blessed Unrest》 (New York: Viking, 2007).